**厚大法考**

2025年国家法律职业资格考试

黄金考点·迷你案例·思维推演

# 民法

## 考点清单

### 主观题

张 翔 编著 | 厚大出品

中国政法大学出版社

毅力是衡量决心的尺度

## 厚大在线

**硬核干货**
八大学科学习方法、新旧大纲对比及增删减总结、考前三页纸等你解锁。

**法考管家**
法考公告发布、大纲出台、主客观报名时间、准考证打印等,法考大事及时提醒。

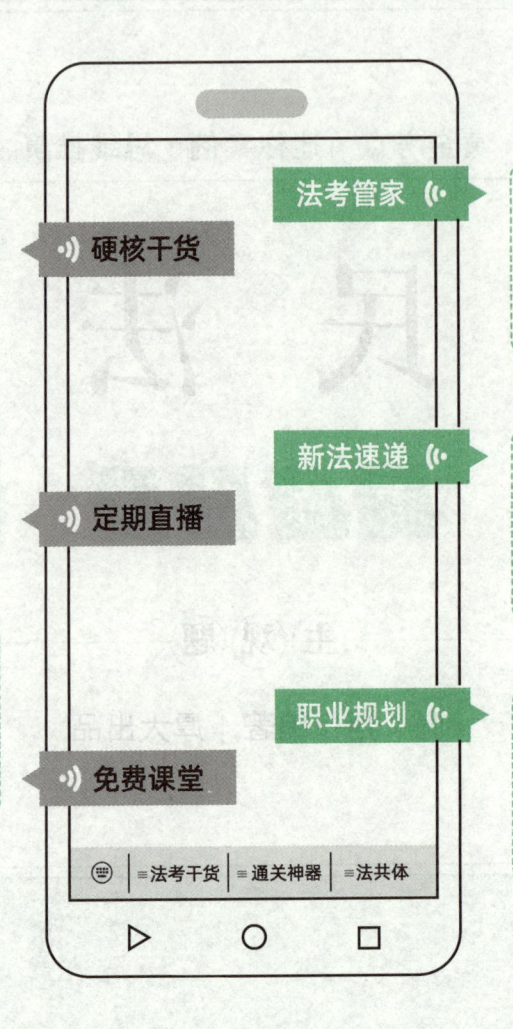

**定期直播**
备考阶段计划、心理疏导、答疑解惑,专业讲师与你相约"法考星期天"直播间。

**新法速递**
新修法律法规、司法解释实时推送,最高院指导案例分享;牢牢把握法考命题热点。

**免费课堂**
图书各阶段配套名师课程的听课方式,课程更新时间获取,法考必备通关神器。

**职业规划**
了解各地实习律师申请材料、流程,律师执业手册等,分享法律职业规划信息。

更多信息
关注厚大在线

HOUDA

# 代 总 序
## GENERAL PREFACE

### 做法治之光
#### ——致亲爱的考生朋友

如果问哪个群体会真正认真地学习法律，我想答案可能是备战法考的考生。

当厚大的老总力邀我们全力投入法考的培训事业，他最打动我们的一句话就是：这是一个远比象牙塔更大的舞台，我们可以向那些真正愿意去学习法律的同学普及法治的观念。

应试化的法律教育当然要帮助同学们以最便捷的方式通过法考，但它同时也可以承载法治信念的传承。

一直以来，人们习惯将应试化教育和大学教育对立开来，认为前者不登大雅之堂，充满填鸭与铜臭。然而，没有应试的导向，很少有人能够真正自律到系统地学习法律。在许多大学校园，田园牧歌式的自由放任也许能够培养出少数的精英，但不少学生却是在游戏、逃课、昏睡中浪费生命。人类所有的成就靠的其实都是艰辛的训练；法治建设所需的人才必须接受应试的锤炼。

应试化教育并不希望培养出类拔萃的精英，我们只希望为法治建设输送合格的人才，提升所有愿意学习法律的同学整体性的法律知识水平，培育真正的法治情怀。

厚大教育在全行业中率先推出了免费视频的教育模式，让优质的教育从此可以遍及每一个有网络的地方，经济问题不会再成为学生享受这些教育资源的壁垒。

最好的东西其实都是免费的，阳光、空气、无私的爱，越是弥足珍贵，越是免费的。我们希望厚大的免费课堂能够提供最优质的法律教育，一如阳光遍洒四方，带给每一位同学以法律的温暖。

没有哪一种职业资格考试像法考一样，科目之多、强度之大令人咂舌，这也是为什么通过法律职业资格考试是每一个法律人的梦想。

法考之路，并不好走。有沮丧、有压力、有疲倦，但愿你能坚持。

坚持就是胜利，法律职业资格考试如此，法治道路更是如此。

当你成为法官、检察官、律师或者其他法律工作者，你一定会面对更多的挑战、更多的压力，但是我们请你持守当初的梦想，永远不要放弃。

人生短暂，不过区区三万多天。我们每天都在走向人生的终点，对于每个人而言，我们最宝贵的财富就是时间。

感谢所有参加法考的朋友，感谢你愿意用你宝贵的时间去助力中国的法治建设。

我们都在借来的时间中生活。无论你是基于何种目的参加法考，你都被一只无形的大手抛进了法治的熔炉，要成为中国法治建设的血液，要让这个国家在法治中走向复兴。

数以万计的法条，盈千累万的试题，反反复复的训练。我们相信，这种貌似枯燥机械的复习正是对你性格的锤炼，让你迎接法治使命中更大的挑战。

亲爱的朋友，愿你在考试的复习中能够加倍地细心。因为将来的法律生涯，需要你心思格外的缜密，你要在纷繁芜杂的证据中不断搜索，发现疑点，去制止冤案。

亲爱的朋友，愿你在考试的复习中懂得放弃。你不可能学会所有的知识，抓住大头即可。将来的法律生涯，同样需要你在坚持原则的前提下有所为、有所不为。

亲爱的朋友，愿你在考试的复习中沉着冷静。不要为难题乱了阵脚，实在不会，那就绕道而行。法律生涯，道阻且长，唯有怀抱从容淡定的心才能笑到最后。

法律职业资格考试不仅仅是一次考试，它更是你法律生涯的一次预表。

我们祝你顺利地通过考试。

不仅仅在考试中，也在今后的法治使命中——

不悲伤、不犹豫、不彷徨。

但求理解。

厚大®全体老师　谨识

# 前言
FOREWORD

## 主观题民法学科考情概览

### 一 考查特点

在国家法律职业资格考试的主观题中，民法为必考科目，且其占据主观题总分值的比例较大。相较而言，以前的司法考试主观题中民法部分的考查方式较为单一，只考查民法的内容；自法律职业资格考试改革以来，民法部分的主观题考查呈现出显著的综合性特征，即在案情描述、问题设计中嵌入了商法与民事诉讼法的内容。

从历年真题的案情描述来看，在司法考试时代，除个别年份外，民法部分主观题的案情基本上是以当事人之间的合同关系为主干，由此延伸出合同关系以外的其他法律关系。但是，在法律职业资格考试中，民法主观题考查的内容超出合同部分，呈扩散趋势，即司法考试时代从未考过的非合同部分的知识点，如监护，也被纳入考查范畴。这一特征导致民法主观题与客观题考点的"范围边界"趋于模糊。

从考查方式来看，尽管民法部分主观题的题干较长、问题较多，但其本质依然是司法考试时代"一问一答"的考查方式。即针对某一具体问题而言，其所对应的案情不过是题干叙述的全部案情中的一部分；该部分之外的其他案情，则与该问题的作答无关。这一特征使得考生能够从案情中找到问题所对应的部分，成为应对民法部分主观题考试的重要技巧。

从考查深度来看，如果将民法部分的考点分为"框架"与"细节"两部分，那么主观题的考查重点在于前者。换言之，民法部分主观题考试主要是对考生运用法律思维解读案情的能力的考查，而非对案情所涉及的法律关系细节的进一步考查。从这个意义上讲，较之于客观题，主观题考试对于民法部分的考查较为简单。

## 二、命题特点

民法部分主观题考试的考点分布密度，可按照如下递减的顺序进行总结：①合同；②民法总则；③物权、担保；④侵权责任；⑤继承、婚姻。司法考试及法律职业资格考试主观题部分所考查过的民法考点统计如下：

### （一）民法总则

| 考　　点 | 具体内容 | 年　　份 |
|---|---|---|
| 1. 民事法律关系分析 | （1）典当的性质为动产质押贷款。 | 2002 |
| | （2）合伙与雇佣的区别在于是否承担经营风险。 | 2006 |
| | （3）无偿维修并非承揽。 | 2009 |
| | （4）银行与信用卡持有人之间为无名合同+追偿关系。 | 2012 |
| | （5）银行与信用卡持有人消费之商场之间为委托合同+债权关系。 | 2012 |
| | （6）信用卡持有人与其消费之商场之间为买卖合同关系。 | 2012 |
| | （7）没有合同关系，没有违约责任。 | 2013 |
| | （8）没有侵权构成，没有侵权责任。 | 2013 |
| | （9）秘密将商家收款码更换为自己收款码的，构成侵权、缔约过失责任、不当得利。 | 2021 |
| | （10）债券法律关系。 | 2022 |
| 2. 监护 | （1）没有监护能力的人，不能担任监护人。 | 2021 |
| | （2）近亲属以外的其他个人、组织担任监护人，需以其同意为条件。 | 2021 |
| | （3）丧失监护能力的人，未经撤销，监护人资格依然存在。 | 2021 |
| 3. 表见代表 | 相对人基于对法人公示的信赖，相信非法定代表人为法定代表人的，代表行为有效。 | 2018 |
| 4. 越权代表 | 公司的法定代表人擅自以公司财产为他人债务提供担保的，构成越权代表，相对人不能证明自己系善意的，担保合同无效。但是：①非上市公司为其全资子公司开展经营活动所负债务提供担保的除外；②担保合同经2/3以上对担保事项有表决权的股东签字同意的除外。 | 2021/2022 2024 |
| 5. 无限责任 | 非法人组织不能偿还债务的，其出资人需承担继续偿还的无限责任。 | 2017 |
| 6. 有限责任的例外 | 法人人格否认。 | 2023 |
| 7. 戏谑 | 相对人知道或应当知道行为人戏谑意思的，方构成戏谑行为。 | 2008 |
| 8. 实践行为 | 自然人之间的借贷合同，达成合意后，尚未交付的，合同不成立。 | 2012 |

续表

| 考　点 | 具体内容 | 年　份 |
|---|---|---|
| 9. 虚假意思表示 | 虚假意思表示无效。 | 2024 |
| 10. 民事法律行为效力瑕疵 | （1）民事法律行为不存在无效、可撤销、效力待定事由的，即为有效。 | 2011/2014 |
| | （2）一物二卖，第二买受人知情的，二卖并不当然构成恶意串通。 | 2014/2017 |
| 11. 狭义无权代理 | 被代理人追认的，代理行为自始有效，被代理人自始承受行为的法律后果。 | 2010/2018 |
| 12. 表见代理 | 具有可使相对人产生有权代理信赖的表见事由，无权代理方构成表见代理。 | 2018 |
| 13. 诉讼时效 | 请求权未成立，诉讼时效不起算。 | 2015 |
| 14. 不当得利 | 用他人财产获得收益，无法律依据的，构成不当得利。 | 2016 |
| 15. 无因管理 | （1）无法律义务，为他人利益管理他人事务的，构成无因管理。 | 2002/2003 |
| | （2）因无因管理支出的必要费用，被管理人应当偿付。 | 2003/2008 |
| | （3）因无因管理负担的债务，被管理人应当偿付。 | 2003 |
| | （4）因无因管理遭受的损失，被管理人应当适当补偿。 | 2003 |
| | （5）管理人不得主张报酬。 | 2003 |
| | （6）管理人因故意或重大过失被管理人损害的，应予赔偿。 | 2003/2008 |

## （二）物权

| 考　点 | 具体内容 | 年　份 |
|---|---|---|
| 1. 物权变动 | （1）不动产买卖，过户登记的，所有权转移。 | 2014/2016 |
| | （2）以动产标的物的象征物交付的，为拟制交付，视为动产标的物交付。 | 2002 |
| 2. 预告登记 | 预告登记后，未经预告登记的买受人同意，出卖人又向第三人处分标的物的，物权不发生变动，但合同的债权效力不受影响。 | 2015 |
| 3. 善意取得 | （1）动产占有人无权处分的，等价有偿的善意受让人可以善意取得。 | 2002/2010 |
| | （2）夫妻共有不动产登记在一方名下，登记人将其抵押，受让人善意且办理抵押登记的，可以善意取得抵押权。 | 2006 |
| | （3）遗失物被无权处分的，失主有权自知道或应当知道受让人之日起2年内，请求受让人返还。 | 2008 |
| | （4）第三人善意取得的，所有权人可择一请求无权处分人承担侵权责任、违约责任及不当得利返还。 | 2002 |
| 4. 添附之混合 | 不同人的所有物发生混合的，混合物归价值较大的一方。 | 2004 |
| 5. 无权占有 | 无权占有人应当返还无权占有物。 | 2007/2009 |

## （三）合同

| 考　点 | 具体内容 | 年　份 |
| --- | --- | --- |
| 1. 合同的相对性 | （1）债务人不得以第三人未向其履行债务为由，向债权人提出抗辩。 | 2006/2010 |
| | （2）只有合同的双方当事人之间才存在违约责任的追究与承担。 | 2012/2020 |
| 2. 无名合同 | 无名合同适用与其最相类似的有名合同的规定。 | 2009 |
| 3. 劳务之债与财物之债 | 劳务之债不可强制执行。 | 2015 |
| 4. 债权转让 | 债权转让并通知债务人后，受让人可向债务人主张受让的债权。 | 2024 |
| 5. 债务加入 | 第三人加入债务的，与债务人承担连带责任。 | 2011 |
| 6. 债务转让 | 债务转让具有无因性。 | 2012 |
| 7. 债权人的代位权 | 债权人可向次债务人主张债务人对次债务人的债权。 | 2024 |
| 8. 债权人的撤销权 | （1）债务人无偿处分财产，损害债权人利益的，债权人有权诉请法院撤销。 | 2004 |
| | （2）撤销权的对象为债务人的不当处分行为，等价有偿的处分不可撤销。 | 2020 |
| | （3）不当处分财产的债务人仍有财产履行债务的，不构成"有损于债权"要件，债权人不得撤销不当处分行为。 | 2019/2020 |
| | （4）撤销权之诉的当事人排列：原告为债权人；被告为债务人；第三人为受让人，原告未列出的，法院可依职权追加。 | 2019 |
| 9. 债权人的代位权 | 债务人对次债务人享有的人身专属性债权，债权人不得代位。 | 2004 |
| 10. 多笔同种类债务的履行顺序 | ①有约，从约；②已到期的；③无担保或者担保少的；④债额重的；⑤先到期的；⑥按比例履行。 | 2021/2023 |
| 11. 以物抵债 | （1）履行期限届满前达成的抵债协议为实践合同，债权人不得请求债务人履行。 | 2019 |
| | （2）履行期限届满后达成的抵债协议，债权有效。 | 2024 |
| 12. 代为履行 | 债权人、债务人约定第三人代为履行，第三人未代为履行的，债务人承担履行责任。 | 2002 |
| 13. 先履行抗辩权 | 后履行方可以先履行方未履行为由，拒绝履行。 | 2002/2007 |
| 14. 不安抗辩权 | 先履行方可以后履行方可能到期不履行为由，拒绝履行。 | 2002/2011 |
| 15. 合同的解除 | （1）债务人根本违约的，债权人有权解除合同。 | 2008 |
| | （2）债务人迟延履行主要债务，经催告后合理期间内仍不履行的，债权人有权解除合同。 | 2009 |
| | （3）债务人构成履行不能的，债权人有权解除合同。 | 2011/2014 |

续表

| 考 点 | 具体内容 | 年 份 |
|---|---|---|
| 16. 缔约过失责任 | 缔约中，一方不诚信的，承担缔约过失责任。 | 2021 |
| 17. 违约责任 | （1）债务人未按照合同约定履行债务的，构成违约。 | 2002 |
| | （2）基于抗辩权而未如约履行债务的，不构成违约。 | 2018 |
| | （3）违约金与定金并存的，择一主张。 | 2010 |
| | （4）违约金过分高于损失的，债务人可申请适当减少。 | 2008/2011 2022 |
| | （5）债务人违约致债权人直接利益损失的，应予赔偿。 | 2013 |
| | （6）债务人构成法律不能的，债权人不得主张继续履行。 | 2004/2008 |
| 18. 无权处分 | （1）无权处分合同的债权效力不受影响。 | 2002/2004 2010/2011 2015/2016 |
| | （2）无权处分的交付、登记行为效力待定。 | 2015 |
| 19. 多重买卖的合同效力 | 多重买卖合同的债权效力不受影响。 | 2004/2010 |
| 20. 买卖孳息收取 | 标的物占有转移的，孳息收取权随之转移，约定除外。 | 2017 |
| 21. 买卖风险转移 | （1）直接易手，买卖合同订立并且交货时，风险转移。 | 2004/2017 |
| | （2）代办托运，货交承运人时，风险转移。 | 2007/2010 |
| | （3）在途货物，买卖合同成立时，风险转移。 | 2007/2010 |
| 22. 分期付款买卖 | 剥夺买受人期限利益的条件。 | 2023 |
| 23. 商品房买卖 | 商品房买卖不适用《消费者权益保护法》。 | 2020 |
| 24. 品质瑕疵担保责任 | 买受人在异议期间内未提出异议的，视为履行合格。 | 2007 |
| 25. 权利瑕疵担保责任 | 受让人不知道受让标的存在权利瑕疵的，转让人承担违约责任。 | 2015 |
| 26. 赠与人的撤销权 | 公益赠与不得任意撤销。 | 2020 |
| 27. 民间借贷合同的无效 | 职业放贷人订立的民间借贷合同无效。 | 2024 |
| 28. 不定期租赁 | 6个月以上租赁，未采取书面形式，不能确定租期的，为不定期租赁。 | 2009 |
| 29. 转租 | （1）接受合法转租的次承租人，可代承租人向出租人支付租金，以消除出租人对承租人的解除权。 | 2013 |
| | （2）未经出租人同意，承租人不得擅自转租。 | 2021 |
| 30. 承租人滥建 | 出租人有权主张恢复原状、赔偿损失，并有权主张解除合同。 | 2009 |

续表

| 考　点 | 具体内容 | 年　份 |
| --- | --- | --- |
| 31. 买卖不破租赁 | 承租人占有租赁物后，租赁物所有权转移的，承租人的租赁权不受影响。 | 2015/2021 |
| 32. 承租人优先购买权 | 部分楼宇的承租人，对整楼的转让不享有优先购买权。 | 2021 |
| 33. 继续承租权 | 承租人死亡或被宣告死亡的，与之共同居住、共同经营的人有权继续承租。 | 2009 |
| 34. 建设工程优先权 | （1）发包人未如约支付工程款的，承包人可就建设工程变价优先受偿。 | 2008 |
| | （2）建设工程优先权的优先受偿范围，包括承包人为建设工程实际支出的费用，不包括承包人因发包人违约所遭受的损失。 | 2018 |
| 35. 承运人对旅客人身损害的违约责任 | 旅客遭受人身损害，除非旅客为故意或具有重大过失、损害由旅客自身健康原因所致，承运人应当承担违约责任。 | 2006 |
| 36. 委托合同中的任意解除权 | （1）委托人、受托人均有权解除委托合同。 | 2018 |
| | （2）委托人、受托人行使任意解除权，致对方损害的，需赔偿对方的直接利益损失；有偿委托还需赔偿可得利益损失。 | 2018 |
| 37. 隐名委托 | 委托人违约，受托人披露的，相对人可以选择委托人或受托人作为合同的相对人。 | 2004 |

## （四）担保

| 考　点 | 具体内容 | 年　份 |
| --- | --- | --- |
| 1. 担保合同无效的后果 | 主合同无效导致担保合同无效的，有过错的担保人承担不超过债务人不能清偿部分 1/3 的赔偿责任。 | 2024 |
| 2. 物上代位效力 | 担保物毁损、灭失的，担保物权人可就保险金、赔偿金、补偿金优先受偿；债权未到期的，可主张提前清偿或提存。 | 2012 |
| 3. 流质约款 | 担保合同约定到期不履行，由担保物权人取得担保物所有权，债权随之消灭的，约定无效。 | 2002 |
| 4. 法院强制措施的民法效力 | 法院对标的物采取的强制措施，相当于登记的抵押权。 | 2012 |
| 5. 抵押地上新建房 | 土地被抵押后，抵押地上的新增物并非抵押物。抵押权人可将抵押物及新增物变价，但不得主张对新增物的变价优先受偿。 | 2008 |
| 6. 动产抵押 | 登记的动产抵押权具有对抗效力，正常经营买受人除外。 | 2020 |
| 7. 浮动抵押 | 浮动抵押合同生效，抵押权成立。未经登记，不得对抗善意第三人。 | 2011 |

续表

| 考　点 | 具体内容 | 年　份 |
| --- | --- | --- |
| 8. 质权 | 丧失直接占有的质权，不得对抗善意第三人。 | 2017 |
| 9. 留置权 | 原则上，留置权的成立需法律关系具有同一性，即一方标的物的返还与另一方价金的支付为交换关系。 | 2016 |
| 10. 保证 | （1）未以特定财产担保的，为保证。 | 2008/2017<br>2022/2023 |
| | （2）保证合同未约定保证责任的，为一般保证。 | |
| | （3）保证合同表明连带责任保证意思的，为连带责任保证。 | |
| 11. 定金 | 定金数额超过主债务标的额20%的，超出部分不具有定金性质。 | 2004 |
| 12. 先让与担保 | 债务到期不履行，担保权人可就担保物变价并优先受偿。 | 2016/2020 |
| 13. 后让与担保 | 债务到期不履行，担保权人可就担保物变价并受偿，但不得优先受偿。 | 2017/2018 |
| 14. 共同担保 | （1）共同物保，担保人未与债权人约定承担担保责任的份额、顺序的，担保人承担连带担保责任。 | 2021 |
| | （2）各第三共同担保人未与债权人约定承担担保责任的份额、顺序的，承担连带担保责任。 | 2015 |
| | （3）各第三共同担保人彼此约定可分担或承担连带担保责任，或在同一合同上签字的，承担担保责任的担保人可请求其他担保人分担。 | 2015/2020 |
| | （4）混合担保中，各担保人未与债权人约定承担担保责任的份额、顺序，且存在债务人物保的，应先执行债务人的物保。 | 2020 |

## （五）侵权责任

| 考　点 | 具体内容 | 年　份 |
| --- | --- | --- |
| 1. 侵权归责原则 | 公共场所施工致害的，适用过错推定责任。 | 2008 |
| 2. 过错的认定 | 能够预见到自己的行为会导致损害的，具有过错。 | 2021 |
| 3. 财产损害赔偿 | 侵权财产损害赔偿范围，不包括可得利益损失。 | 2021 |
| 4. 共同危险责任 | 多人实施危险行为，部分行为致人损害，因果关系不明的，承担连带责任。 | 2021 |
| 5. 职务侵权 | （1）具有职务行为外观的，构成职务行为。 | 2014 |
| | （2）雇员执行职务致人损害的，雇主承担赔偿责任。 | 2008/2013<br>2014/2016 |
| 6. 监护人责任 | 被监护人致人损害，无财产或财产不足以赔偿的，监护人承担赔偿责任；监护人尽到监护职责的，可减轻责任。 | 2021 |

续表

| 考 点 | 具体内容 | 年 份 |
|---|---|---|
| 7. 定作人责任 | 承揽人在完成工作过程中致人损害或遭受损害，定作人有选任、指示过错的，承担赔偿责任。 | 2014 |
| 8. 产品侵权 | 产品瑕疵致人损害的，受害人可请求生产者、销售者承担赔偿责任。 | 2007/2013 |
| 9. 物件致损 | 林木折断致害的，林木的所有人或管理人承担过错推定责任。 | 2021 |
| 10. 交通事故责任 | 驾驶他人车辆发生交通事故的，驾驶人承担侵权责任。 | 2016 |

## （六）婚姻

| 考 点 | 具体内容 | 年 份 |
|---|---|---|
| 婚内负债 | 婚内一方为共同生活或共同经营所负的债务，无外部约定的，为夫妻共同债务。 | 2008/2019 2023 |

## （七）继承

| 考 点 | 具体内容 | 年 份 |
|---|---|---|
| 1. 继承为法律关系的继承 | 继承人继承后，与被继承人具有相同的法律地位。 | 2006 |
| 2. "好媳妇""好女婿" | 丧偶儿媳、女婿对公婆、岳父母尽到主要赡养义务的，为第一顺序继承人。 | 2004 |
| 3. 代位继承 | 被继承人的子女先于被继承人死亡的，其子女的直系晚辈血亲有权代位继承被继承人的遗产。 | 2004 |

# 缩略语对照表 ABBREVIATION

| | |
|---|---|
| 合同编通则解释 | 最高人民法院关于适用《中华人民共和国民法典》合同编通则若干问题的解释 |
| 担保制度解释 | 最高人民法院关于适用《中华人民共和国民法典》有关担保制度的解释 |
| 买卖合同解释 | 最高人民法院关于审理买卖合同纠纷案件适用法律问题的解释 |
| 城镇房屋租赁合同解释 | 最高人民法院关于审理城镇房屋租赁合同纠纷案件具体应用法律若干问题的解释 |
| 建设工程施工合同解释（一） | 最高人民法院关于审理建设工程施工合同纠纷案件适用法律问题的解释（一） |
| 侵权责任编解释（一） | 最高人民法院关于适用《中华人民共和国民法典》侵权责任编的解释（一） |

# 目录 CONTENTS

**第 1 讲　合同的订立**　　001

考点 1　法定要约邀请 / 001

考点 2　在 A 合同中约定订立 B 合同 / 002

考点 3　以格式条款订立合同 / 004

考点 4　缔约过失责任 / 005

考点 5　虚假意思表示、隐藏意思表示、戏谑 / 006

**第 2 讲　订立合同的人**　　009

考点 6　"设立中的法人"的设立人订立的合同 / 009

考点 7　法定代表人订立的合同 / 010

考点 8　代理人订立的合同 / 013

考点 9　不能订立担保合同的担保人 / 018

**第 3 讲　合同的效力瑕疵**　　021

考点 10　合同无效 / 021

考点 11　合同可撤销 / 027

考点 12　合同无效、被撤销的法律后果 / 030

**第 4 讲　合同内容的确定**　　035

考点 13　法律关系的确定 / 035

考点 14 ▶ 权利主体的确定：向第三人履行的合同 / 037

考点 15 ▶ 连带之债的追偿权 / 039

考点 16 ▶ 选择之债的选择权 / 040

考点 17 ▶ 以新贷偿还旧贷中的担保责任 / 041

## 第 5 讲　合同的变动　　045

考点 18 ▶ 合同主体变动：债权转让、债务转让与债务加入 / 045

考点 19 ▶ 债权转让、债务转让中的抗辩权延续与抵销权延续 / 049

考点 20 ▶ 主债权、主债务转让对担保责任的影响 / 052

考点 21 ▶ 债务人怠于行使债权：债权人的代位权 / 054

考点 22 ▶ 债务人不当处分财产：债权人的撤销权 / 057

考点 23 ▶ 买卖标的物发生风险 / 061

考点 24 ▶ 租赁物所有权转移："买卖不破租赁" / 063

## 第 6 讲　合同的解除　　067

考点 25 ▶ 一般法定解除权 / 067

考点 26 ▶ 特别法定解除权 / 070

考点 27 ▶ 解除权的行使 / 074

考点 28 ▶ 合同解除的时间和后果 / 074

## 第 7 讲　合同债权的担保之一：物保　　079

考点 29 ▶ 抵押权的设立 / 079

考点 30 ▶ 抵押人转让抵押物 / 082

考点 31 ▶ 浮动抵押 / 085

考点 32 ▶ 留置权 / 086

考点 33 ▶ 担保物权竞存 / 088

## 第 8 讲　物保的特殊形式：所有权担保　　094

考点 34 ▶ 保留所有权买卖合同与融资租赁合同 / 094

考点 35 ▶ 让与担保 / 097

目 录

## 第9讲 合同债权的担保之二：保证与定金 100

- 考点 36 ▶ 保证的概念 / 100
- 考点 37 ▶ 保证与物保 / 101
- 考点 38 ▶ 连带责任保证与一般保证 / 102
- 考点 39 ▶ 保证期间 / 103
- 考点 40 ▶ 共同担保 / 105
- 考点 41 ▶ 定 金 / 108

## 第10讲 合同的履行 112

- 考点 42 ▶ 合同的特殊履行方式 / 112
- 考点 43 ▶ 履行的对象：债务人负担数笔同种类债务的履行 / 119
- 考点 44 ▶ 无权处分 / 120
- 考点 45 ▶ 善意取得 / 124

## 第11讲 履行顺序与优先权 129

- 考点 46 ▶ 同一标的多重交易的履行顺序 / 129
- 考点 47 ▶ 优先权 / 131

## 第12讲 抗辩权 137

- 考点 48 ▶ 诉讼时效抗辩权 / 137
- 考点 49 ▶ 担保人的债务人抗辩权 / 139
- 考点 50 ▶ 双务合同抗辩权 / 141
- 考点 51 ▶ 赠与人的撤销权 / 143

## 第13讲 违约责任 146

- 考点 52 ▶ 违约责任的构成：是否承担违约责任？/ 146
- 考点 53 ▶ 违约责任的主体：谁承担违约责任？/ 147
- 考点 54 ▶ 非金钱之债的无需继续履行 / 149
- 考点 55 ▶ 违约赔偿损失 / 150

考点 56 ▶ 违约金 / 151

考点 57 ▶ 剥夺期限利益、取回标的物 / 153

## 第14讲  侵权责任　　　　　　　　　　　　　　　　　　　　　　157

考点 58 ▶ 过错责任 / 157

考点 59 ▶ 无过错责任 / 159

考点 60 ▶ 财产损害赔偿与精神损害赔偿 / 162

考点 61 ▶ 共同侵权与行为结合 / 163

考点 62 ▶ 劳务关系侵权 / 166

考点 63 ▶ 物品掉落致损责任 / 168

考点 64 ▶ 基于监护职责的责任 / 170

考点 65 ▶ 交通事故责任 / 172

考点 66 ▶ 医疗损害责任 / 173

# 第1讲 LECTURE 01

## 合同的订立

### 01 法定要约邀请

**1. 要约邀请的意义**

根据对方的要约邀请所作出的允诺,仅为要约,双方合同并未成立。

**2. 法定要约邀请的类型**

(1) 寄送的价目表;

(2) 拍卖公告;

(3) 招标公告;

(4) 招股说明书、债券募集办法、基金招募说明书。

**迷你案例**

案情:甲公司发布债券募集办法,称将于2023年4月1日至5月1日发行公司债券,债期1年,利率8%。乙见此文书后,于2023年4月10日带钱去甲公司买债券,甲公司告知乙债券已经售罄。

问1:甲公司的债券募集办法,性质是什么?

答案:债券募集办法,为要约邀请。

问2:乙作出的购买债券的意思表示,性质是什么?

答案:甲公司发出的是要约邀请,乙作出的意思表示就是要约。

问3:乙能否追究甲公司的违约责任?

答案：不能。乙作出的意思表示构成要约，甲公司并未作出承诺，债券购销合同并未成立，无约可违。

3. 通过招标、拍卖方式订立合同

|  | 通过招标方式订立合同 | 通过拍卖方式订立合同 |
| --- | --- | --- |
| 要约邀请 | 招标公告 | 拍卖公告 |
| 要约 | 递交投标书 | 举牌 |
| 承诺（合同成立） | 中标通知送达 | 落槌或电子交易系统确认成交 |

原则上，是否订立合同书不影响合同成立；相关规则事先另有规定的除外。

[法条链接]《民法典》第473条第1款；《合同编通则解释》第4条。

### 迷你案例

案情：甲拍卖公司发出拍卖公告，称将于2025年4月15日拍卖一件青花瓷瓶，起拍价100万元。及至拍卖当日，乙报价120万元，因无人跟价，拍卖师落槌后，乙又反悔，拒绝与甲拍卖公司订立书面买卖合同。

问1：甲拍卖公司与乙的买卖合同是否成立？

答案：成立。拍卖师落槌时承诺生效，买卖合同成立。

问2：如果甲拍卖公司的拍卖规则事先明确，以订立书面合同为买卖合同关系的成立要件，甲拍卖公司与乙的买卖合同是否成立？

答案：不成立。当事人另有约定的，从其约定。

# 02
## 在A合同中约定订立B合同

当事人在A合同中约定未来订立B合同的，A合同与B合同的关系有如下两种可能：

### 一、预约与本约

#### （一）条件

1. A合同中不具有B合同的基本要素，包括主体、标的、数量。
2. A合同采取的是书面形式或支付了定金。

#### （二）后果

1. 法律关系中存在A、B两个合同，即预约与本约。其中，A合同已经成立。
2. B合同的订立，意味着A合同的履行。

3. B合同未订立，意味着A合同未履行。因可归责于一方的原因导致B合同未订立的，该当事人应承担A合同上的违约责任。"可归责于一方"的判断标准：

（1）当事人在磋商B合同时提出的条件明显背离A合同约定的内容；

（2）当事人未尽合理努力进行协商；

（3）其他可归责于一方的原因。

**迷你案例**

案情：甲开发商与乙订立《认购书》，约定待甲开发商取得预售许可证后，乙可优先选房，并与甲开发商订立《商品房买卖合同》。

问1：《认购书》与《商品房买卖合同》关系如何？

答案：预约与本约。《认购书》采取书面形式，但不具有《商品房买卖合同》的基本要素（标的）。

问2：如果甲开发商获得预售许可证，乙选房后，在与甲开发商协商订立《商品房买卖合同》时，提出以半价购买，因甲开发商拒绝，《商品房买卖合同》未能订立，后果如何？

答案：因可归责于乙的原因，《认购书》未履行，甲开发商、乙的房屋买卖合同关系未成立，乙应承担《认购书》上的违约责任。

## 二、要式合同与形式要件

### （一）条件

A合同中具有B合同的基本要素，包括主体、标的、数量。

### （二）后果

1. 法律关系中只存在A合同，其为要式合同。因形式要件尚未具备，A合同尚未成立。

2. B合同的订立，意味着A合同形式要件具备，A合同成立。

3. B合同未订立，意味着A合同形式要件不具备。此时：

（1）原则上，A合同不成立。因可归责于一方的原因导致B合同未订立的，该当事人应承担A合同上的缔约过失责任。

（2）A合同约定的主要义务一方已履行且对方接受的，A合同成立。

**迷你案例**

案情：甲、乙订立《认购书》，约定甲以100万元的价格出卖"花园小区1号楼1801号房屋"给乙，1周内，甲、乙订立《商品房买卖合同》。

问1：《认购书》与《商品房买卖合同》关系如何？

答案：《认购书》是要式合同，后续要签的《商品房买卖合同》是《认购书》的形式要件。因为《认购书》具备《商品房买卖合同》的基本要素。

问2：如果乙反悔，不愿与甲订立《商品房买卖合同》，后果如何？

答案：《认购书》的形式要件不具备，甲、乙的房屋买卖合同关系不成立，乙应向甲承担缔约过失责任。

问3：如果甲、乙未订立《商品房买卖合同》，但乙已经向甲支付了价款，后果如何？

答案：《认购书》的主要义务一方已履行且对方接受，甲、乙的房屋买卖合同关系成立。

**总结梳理**

| A合同的情形 | A合同的性质 | B合同订立 | B合同未订立 |
| --- | --- | --- | --- |
| 不具有B合同的基本要素 | 预约<br>（B合同为本约） | A合同履行 | ①A合同未履行<br>②可归责于一方的，承担A合同上的违约责任 |
| 具有B合同的基本要素 | 要式合同<br>（B合同为形式要件） | A合同成立 | ①A合同不成立<br>②可归责于一方的，承担A合同上的缔约过失责任 |

[法条链接]《合同编通则解释》第6~8条。

# 03 以格式条款订立合同

### 一、格式条款的界定

一方单方拟制，且以重复使用为目的的合同条款，为格式条款。格式条款需受到法律的特别规制。

**一针见血** 格式条款的要素：单方拟制+以重复使用为目的=格式条款。

### 二、格式条款界定中的具体问题

1. 一方根据"示范文本"单方拟制的条款，构成格式条款。
2. 一方单方拟制，但"实际上并未重复使用"的条款，构成格式条款。
3. 一方单方拟制，但"不以重复使用为目的"的条款，不构成格式条款。
4. 合同条款符合格式条款，双方约定"其不是格式条款"的，约定无效。

# 04 缔约过失责任

## 一、缔约过失责任的要件

### （一）时间要件

1. 当事人违反先合同义务（不诚信）的行为需发生于缔约阶段。
2. 缔约阶段，即要约生效之后、合同生效之前。

**一针见血** 缔约过失责任的结构：

缔约中（要约生效后、合同生效前）+不诚信（违反先合同义务）= 缔约过失责任。

### （二）主体要件

缔约过失责任的追究与承担，必须发生在缔约双方之间。

**迷你案例**

案情：甲公司与乙公司为竞争关系。甲公司为了获得竞争优势，指使丙与乙公司恶意进行磋商，使得乙公司丧失了商业机会。

问题：甲公司是否应对乙公司承担缔约过失责任？

答案：否。因甲公司与乙公司之间不存在缔约关系，故甲公司无需对乙公司承担缔约过失责任。根据合同的相对性原理，应当由丙对乙公司承担缔约过失责任。

## 二、违反先合同义务行为的法定类型

1. 假借订立合同，恶意进行磋商。
2. 欺诈。
3. 泄露、不正当使用对方的商业秘密，即当事人一方在订立合同过程中，获悉对方的商业秘密后，自行利用该商业秘密，或者将该商业秘密泄露给他人。
4. 其他违背诚信原则的行为。违反先合同义务的行为并不以上述法定情形为限。凡在缔约阶段，当事人一方违反法定诚信义务，给对方造成损失的，均应承担缔约过失责任。例如，合同无效后的过错赔偿责任，性质上即属于缔约过失责任。

[法条链接]《民法典》第500、501条。

### 总结梳理

| 缔约中 | 不诚信（违反先合同义务）<br>①恶意磋商；②欺诈；③商业秘密侵权；④无效过错赔偿责任；⑤其他 | 缔约过失责任 |

缔约双方之间，方存在缔约过失责任的追究与承担。

## 05 虚假意思表示、隐藏意思表示、戏谑

### 一、虚假意思表示

1. 含义：双方当事人均无民法法效意思，却作出意思表示，如订立假合同。
2. 效力：行为人与相对人以虚假的意思表示实施的民事法律行为无效。

### 二、隐藏意思表示

1. 含义：被虚假意思表示所掩盖的另一真实的意思表示。
2. 效力：以虚假的意思表示隐藏的民事法律行为的效力，依照有关法律规定处理。

**一针见血** 虚假意思表示与隐藏意思表示的关系：虚假意思表示掩盖着隐藏意思表示。

**迷你案例**

案情：甲欲赠与乙一辆汽车，双方为掩人耳目，订立汽车买卖合同。

问1：甲、乙间的汽车买卖合同是何种意思表示？效力如何？
答案：甲、乙间的汽车买卖合同构成虚假意思表示，无效。

问2：甲、乙间的赠与约定是何种意思表示？效力如何？
答案：甲、乙间的赠与约定构成隐藏意思表示，效力按照民事法律行为的效力规则进行判断。

### 总结梳理

|  | 以 A 交易之名 | 行 B 交易之实 |
| --- | --- | --- |
| 性 质 | 虚假意思表示 | 隐藏意思表示 |
| 效 力 | 无 效 | 依照有关法律规定处理 |

[法条链接]《民法典》第 146 条。

### 三、戏谑行为

戏谑行为，是指一方的行为具有意思表示的外观，但行为人内心并不具有相应的民法法效意思。戏谑行为无效，不产生法律后果。戏谑行为的认定方式是：

1. 相对人知道或应当知道行为人的戏谑意思的，按照戏谑行为认定；反之，按照意思表示认定。

2. 相对人是否知道或应当知道行为人的戏谑意思，判断依据是：

（1）内容，即看表达内容是否夸张、不合情理；

（2）场所，即看是在公共场所还是在私密场所作出的表达；

（3）方式，即看作出表达是否采取了郑重的形式。

**一针见血** 虚假意思表示与戏谑行为的区别：

虚假意思表示是双方弄虚作假，戏谑行为是一方弄虚作假。

**总结梳理**

| 客观表现 | 内心意愿 | 判断依据 |
|---|---|---|
| 意思表示 | 不具有相应的民法法效意思 | ①内容：合理/夸张<br>②场所：公开/私密<br>③方式：郑重/随意 |

考点 05

---

**第一讲**

>>> 小综案例 <<<

**案情**

甲自然资源局发布挂牌公告称，A 地使用权底价 200 万元/亩，符合条件的单位交付保证金 5000 万元后即可报名参加竞买。乙公司符合条件，交付了保证金并报名参加。后因程序问题，甲自然资源局的 A 地使用权挂牌被上级机关叫停。此时，仅有乙公司一家报名参加竞买。甲自然资源局欲向乙公司退还保证金，乙公司提出，其与甲自然资源局的土地使用权出让合同已经成立，挂牌公告中的底价即为成交价。

乙公司欲从工商银行贷款，遂与工商银行订立《贷款意向书》，约定：若乙公司能够提供担保，则双方订立正式的《金融贷款合同》，贷款金额、利息、期限、本息偿还方式等在《金融贷款合同》中再行协商。为了向工商银行提供贷款担保，乙公司的法定代表人张三找到丙公司的法定代表人李四，让丙公司提供担保。李四表示，公司担保手续很麻烦，还需要股东会决议，不如换一种方式。于是，李四以丙公司的名义与工商银行订立借款合同，约定丙公司借给工商银行100万元，如果乙公司未来不向工商银行偿还贷款，丙公司履行借款义务。

**问题**

1. 土地使用权出让合同是否成立？为什么？
2. 如果通过电子竞拍，电子交易系统确认乙公司拍得A地使用权，随后，乙公司反悔，不愿订立《拍卖成交确认书》：
   (1) 甲自然资源局与乙公司之间的土地使用权出让合同是否成立？为什么？
   (2) 经查，甲自然资源局发布的挂牌公告载明："《拍卖成交确认书》的订立，为土地使用权出让合同的成立条件。"甲自然资源局与乙公司之间的土地使用权出让合同是否成立？为什么？
   (3) 经查，甲自然资源局发布的挂牌公告载明："《拍卖成交确认书》的订立，为土地使用权出让合同的成立条件。"乙公司是否应当就土地使用权出让合同未成立承担民事责任？为什么？
3. 乙公司与工商银行订立的《贷款意向书》的性质是什么？为什么？
4. 如果乙公司提供了担保，但工商银行拒不与乙公司订立《金融贷款合同》：
   (1) 乙公司与工商银行之间的贷款关系是否成立？为什么？
   (2) 乙公司应如何保护自己的合法权益？
5. 丙公司与工商银行订立的借款合同的性质是什么？效力如何？
6. 丙公司与工商银行的真实意思是什么？效力如何？

**答案**

1. 不成立。甲自然资源局发布的挂牌公告，性质为拍卖公告，依法属于要约邀请。乙公司交付保证金、报名参加竞买的行为，性质为要约。仅凭要约，甲自然资源局、乙公司双方并未达成合意，故土地使用权出让合同并未成立。
2. (1) 成立。电子交易系统确认构成承诺，土地使用权出让合同成立。
   (2) 不成立。拍卖规则事先另有规定的，从其规定。
   (3) 应当。乙公司在缔约过程中违反先合同义务，应承担缔约过失责任。
3. 预约。因为《贷款意向书》采取书面方式，但未约定贷款的金额，不具有《金融贷款合同》的基本要素。
4. (1) 不成立。因为双方并未订立《金融贷款合同》。
   (2) 乙公司可以追究工商银行《贷款意向书》上的违约责任。因可归责于工商银行的原因导致《金融贷款合同》未订立，工商银行就《贷款意向书》构成违约，应承担违约责任。
5. 虚假意思表示。借款合同无效。
6. 其真实意思是为他人债务提供担保，构成隐藏意思表示。丙公司为他人债务提供担保，未经公司股东会表决，担保合同无效。

# 第2讲 LECTURE 02

# 订立合同的人

## 06 "设立中的法人"的设立人订立的合同

设立中的法人，是指处于设立阶段，尚未取得法人资格的组织体。在学理上，设立中的法人的性质为以设立人为成员的非法人组织。设立人为设立法人而订立的合同的法律后果承担规则是：

1. 法人成立前，其法律后果由设立人承受；设立人为2人以上的，承担连带责任。
2. 法人成立后
（1）设立人以"设立中法人的名义"从事的民事活动，其法律后果由法人承受；
（2）设立人以"自己的名义"从事的民事活动，第三人有权选择请求法人或者设立人承担责任。

**一针见血** 设立人为设立法人而订立的合同的法律后果承担规则：
先看承担法律后果时法人是否成立；法人成立的，再看订立合同时的名义。

[法条链接]《民法典》第75条。

**总结梳理**

|  | 法人成立 | 法人未成立 |
| --- | --- | --- |
| 以设立中法人的名义 | 法人责任 | 设立人责任 |
| 以自己的名义 | 相对人选择 | |

# 07 法定代表人订立的合同

## 一、法定代表人的代表行为与个人行为的区分

1. 法定代表人以法人的名义实施的民事法律行为，是代表行为，由法人承担后果。
2. 法定代表人以自己的名义实施的民事法律行为，不具有使法人承担民事法律行为后果目的的，是个人行为，由法定代表人个人承担后果。
3. 法定代表人订立合同的名义，需从相对人的角度来观察。

**迷你案例**

案情：甲公司急需资金，其法定代表人张某与乙公司订立借款合同，约定甲公司从乙公司借款100万元，1年后偿还本息，共计110万元。张某为乙公司的债权提供保证。

问题：张某的上述行为，何者是代表行为，何者是个人行为？

答案：张某以甲公司的名义与乙公司订立借款合同的行为，是代表行为；张某以自己的名义提供担保的行为，是个人行为。

## 二、代表行为中的签字、盖章

1. 原则上，代表人有代表权并签字，法人未盖章或所盖印章系虚假的，合同成立。
2. 合同约定应当加盖法人印章的，为要式合同。这意味着：
（1）法人未盖章的，合同不成立；
（2）合同的主要义务一方已履行且对方接受的，合同成立。
3. 代表人有代表权，合同没有代表人签字，但有法人盖章的，合同成立。

[法条链接]《合同编通则解释》第22条第1~3款。

**总结梳理**

| 代表人签字 | 法人盖章 | 后果 |
| --- | --- | --- |
| 有 | 无 | 原则上，合同成立；但合同约定需要法人盖章的，为要式合同 |
| 无 | 有 | 合同成立。 |

**注意**：上述规则也适用于代理关系。

## 三、法定代表人的表见代表

法人的实际法定代表人与登记的法定代表人不一致的，不得对抗善意第三人。这里的

"善意第三人",是指不知法人的实际情况与登记的事项不一致,且相信法人登记的人。

> **一针见血** 法人登记的公信力与表见代表:
> - 一般规则:法人的实际情况与法人登记的事项不相符的,不得对抗善意第三人。
> - 上述一般规则在法定代表人上的具体表现,就是表见代表。
> 
> [法条链接]《民法典》第65条。

> **迷你案例**
> 案情:甲公司登记的法定代表人为王某。后来,甲公司的法定代表人变更为李某,但公司登记并未变更。王某以甲公司法定代表人的身份,与不知甲公司法定代表人更换之事的乙公司订立合同。
> 问题:甲公司是否应当承担王某这一行为的法律后果?
> 答案:应当。乙公司不知甲公司法定代表人更换之事,因此构成善意第三人,其可信赖甲公司登记之记载,即有理由相信王某为甲公司的法定代表人,此项信赖受法律保护。这意味着,对乙公司而言,与王某订立合同和与甲公司真正的法定代表人李某订立合同具有相同的法律效力,故甲公司应当承担王某这一行为的法律后果。

## 四、法定代表人越权代表

### (一)原则

法定代表人超越代表权限(即越权代表)与相对人订立合同,相对人是善意的,该代表行为有效,法人应承担法定代表人越权代表的法律后果。

### (二)类型

1. 违反内部规定的越权代表

法定代表人违反法人内部规定的越权代表,推定相对人为善意。

2. 违反法律规定的越权代表

(1)一般规则

法定代表人所越之权源于《公司法》的规定,即法定代表人未经公司决议,擅自为他人债务提供担保的,推定相对人为恶意。

(2)以下情况下,公司为他人债务提供担保的,无需公司决议,担保即有效:

❶金融机构开立保函或担保公司提供担保。但是,金融机构或担保公司的分支机构未经授权提供担保的除外。

❷公司为其全资子公司开展经营活动提供担保。但是,上市公司除外。

❸一人公司为其股东提供担保。

❹担保合同经由公司2/3以上对担保事项有表决权的股东签字同意。但是,上市公司除外。

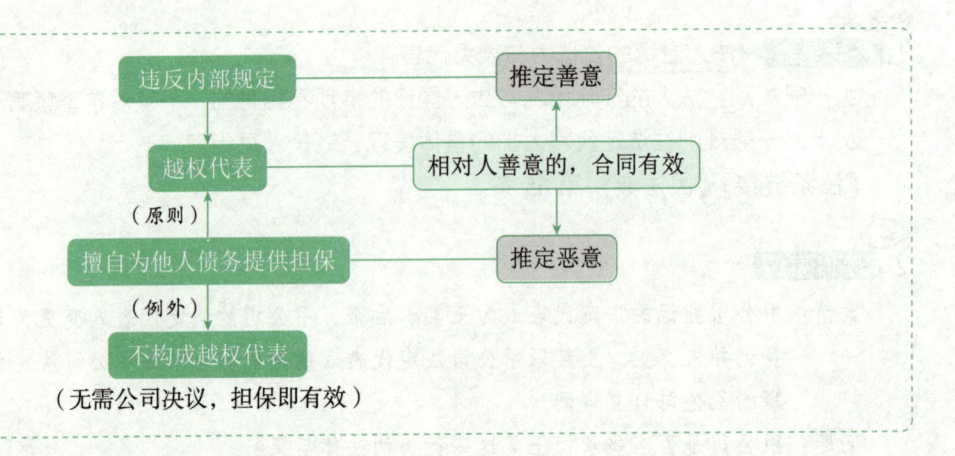

> **总结梳理**

```
违反内部规定 ──────→ 推定善意
    ↓                        ↓
越权代表 ──────→ 相对人善意的，合同有效
（原则）                      ↑
擅自为他人债务提供担保 ──→ 推定恶意
（例外）
    ↓
不构成越权代表
（无需公司决议，担保即有效）
```

> **迷你案例**

案情：甲公司分立出 A、B 两家公司。其中，A 公司为甲公司的控股公司，B 公司为甲公司的全资子公司。A、B 公司与乙公司订立了房屋租赁合同，分别承租乙公司办公楼的 18、19 层。甲公司的法定代表人与乙公司订立合同，约定甲公司为 A、B 公司的租金债务承担连带保证责任。现 A、B 公司未如约交付租金。

问 1：甲公司是否应当对 A 公司的租金债务承担保证责任？

答案：否。甲公司为 A 公司的租金债务提供担保，需经公司内部决议。本题中并未说明甲公司股东会同意担保，故担保行为构成法定代表人越权代表；进而，本题中又未明确相对人乙公司是善意还是恶意，推定其为恶意，故担保无效，甲公司无需对 A 公司的租金债务承担保证责任。

问 2：甲公司是否应当对 B 公司的租金债务承担保证责任？

答案：是。B 公司是甲公司的全资子公司，公司为其全资子公司开展经营活动提供担保的，无需经过内部表决程序，故担保有效，甲公司应当对 B 公司的租金债务承担保证责任。

### （三）法定代表人越权代表行为无效的后果

1. 法人不受相关合同的约束。
2. 法人对合同无效有过错的，承担赔偿责任。

### （四）法人对法定代表人的追偿权

法定代表人超越权限提供担保造成公司损失的，若公司承担了担保责任或过错赔偿责任，则公司有权请求法定代表人承担赔偿责任。

> **迷你案例**

案情：甲公司法定代表人张某擅自与乙银行订立抵押合同，以甲公司的房屋向乙银行设立抵押，担保丙公司在乙银行的贷款。现甲公司以张某越权代表为由，拒绝承担担保责任。经查,张某曾多次实施越权代表行为,甲公司放任不管。

问1:抵押合同的效力如何?

答案:无效。无证据证明乙银行是否为善意的,推定乙银行为恶意。

问2:甲公司是否应承担相关的民事责任?

答案:是。甲公司无需承担抵押担保责任,但应承担相应的过错赔偿责任。

问3:甲公司能否向张某追偿?

答案:能。甲公司因张某的越权代表行为而承担过错赔偿责任,进而遭受损害,可以向张某追偿。

[法条链接]《民法典》第61条第3款;《担保制度解释》第7、8、10条,第11条第2、3款。

### 总结梳理

| | 推定 | 合同有效 | 合同无效 | 追偿权 |
|---|---|---|---|---|
| 违反内部规定 | 相对人为善意 | 合同责任 | 法人有过错的,承担相应赔偿责任 | 可以向法定代表人追偿 |
| 违反法律规定 | 相对人为恶意,但有例外 | 担保责任 | | |

## 08 代理人订立的合同

### 一、恶意串通的代理

#### (一)含义

1. 代理人与相对人恶意串通,损害被代理人利益的,为恶意串通的代理。
2. 恶意串通的代理,为有权代理。

#### (二)恶意串通的界定

1. 对被代理人明显不利。
2. 代理人获得不正当利益(如吃回扣、接受贿赂等)。

#### (三)恶意串通的代理之法律后果

1. 合同无效,被代理人不承担该行为的法律后果。
2. 代理人、相对人对被代理人遭受的损失承担连带责任。

[法条链接]《民法典》第154条;《合同编通则解释》第23条。

## 二、显名代理与隐名代理

代理人与相对人订立的合同，约束代理人与相对人还是约束被代理人与相对人，视订立合同时相对人是否知道代理关系而有所不同。

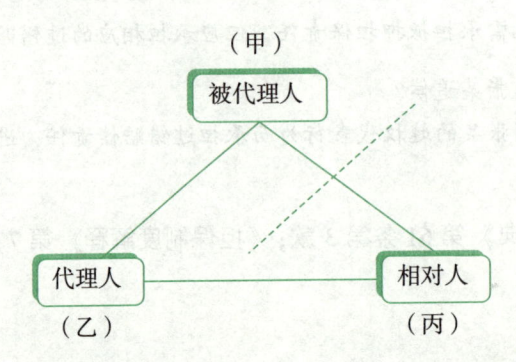

```
            （甲）
           被代理人
          /      \
         /        \
        /          \
      代理人 ——— 相对人
      （乙）      （丙）
```

### （一）显名代理

代理人以被代理人的名义与相对人订立合同的：

1. 原则上，该合同约束被代理人与相对人。
2. 例外情况是，代理人与相对人明确约定，该合同只约束代理人与相对人的，从其约定。

**迷你案例**

案情：乙受甲之托，以甲的名义与丙订立合同。

问题：谁是该合同的当事人？

答案：原则上，甲、丙为该合同的当事人。但是，如果乙、丙在合同中约定，该合同只约束乙、丙，则乙、丙为该合同的当事人。

### （二）隐名代理

代理人以自己的名义与相对人订立合同的：

1. 合同约束代理人与相对人。
2. 在合同成立后，代理人向被代理人披露相对人，或向相对人披露被代理人的：
   (1) 相对人可以在代理人与被代理人之间，选择一个作为自己的相对人；
   (2) 一旦选择完成，不得变更。

**迷你案例**

案情：乙受甲之托，以自己的名义与丙订立买卖合同，约定乙付款后10日内，丙应交货。

问1：谁是该合同的当事人？

答案：乙、丙。乙以自己的名义与丙订立合同，该合同约束乙、丙。

问2：如果丙迟延履行交货义务，则乙向甲披露丙后，法律后果如何？

答案：甲可直接请求丙向自己交货。但是，丙不愿以甲作为自己相对人的除外。

问3：如果丙交货后，甲未将货款给乙，导致乙无法向丙付款，则乙向丙披露甲后，法律后果如何？

答案：丙可以在甲、乙中选择主张权利的对象。

**一针见血** 显名代理与隐名代理的约束力：
- 相对人知道代理关系的，可以自己选择合同的对方当事人。
- 相对人不知道代理关系的，合同约束代理人与相对人。

[法条链接]《民法典》第925条，第926条第1、2款。

**总结梳理**

|  | 合同成立时的约束力 | 例　　外 |
| --- | --- | --- |
| 显名代理 | 被代理人——相对人 | 另有约定的除外 |
| 隐名代理 | 代理人——相对人 | 代理人事后披露，相对人可以选择 |

## 三、无权代理

无权代理，是指行为人在没有代理权、超越代理权、代理权终止的情况下，以被代理人的名义与相对人实施代理行为的代理。

### （一）狭义无权代理

1. 概念与效力

（1）概念：狭义无权代理，是指不构成表见代理的无权代理；

（2）效力：对被代理人效力待定。

2. 被代理人的追认权、拒绝权

（1）被代理人行使追认权的，狭义无权代理行为对被代理人自始有效，即被代理人自始承受该行为的法律后果；

（2）被代理人行使拒绝权的，狭义无权代理行为对被代理人自始无效，即被代理人自始不承受该行为的法律后果。

**一针见血** 狭义无权代理的待定之"效"：

"狭义无权代理效力待定"，不是指狭义无权代理行为"是否具有约束力"效力待定，而是指狭义无权代理行为"是否约束被代理人"效力待定。

**迷你案例**

案情：乙不享有甲的代理权，却以甲的名义与丙订立买卖合同，购买丙的10台电脑，总价款5万元。

问1：如果甲表示追认，则丙应向谁请求支付价款？

答案：甲。因甲表示追认，乙的代理行为有效，甲为丙的相对人，即合同约束甲、丙，故丙应向甲请求支付价款。

问2：如果甲表示拒绝，则丙应向谁请求支付价款？
答案：乙。因甲表示拒绝，乙的代理行为无效，乙为丙的相对人，即合同约束乙、丙，故丙应向乙请求支付价款。

3. 相对人的催告权、撤销权
（1）相对人的催告权
相对人的催告权，是指相对人告知被代理人情况，催告被代理人30日内予以追认的权利。被代理人逾期未作答复的，视为拒绝。
（2）相对人的撤销权
相对人的撤销权，是指相对人撤销其与行为人民事法律行为的法律效力的权利。相对人行使撤销权的条件有二：
❶被代理人未表示追认；
❷相对人系善意，即相对人与行为人从事交易时，不知道也不应当知道行为人系无权代理。

相对人行使撤销权的方式为单方通知，无需提起诉讼或申请仲裁。相对人的撤销权一经行使，狭义无权代理行为在相对人与行为人之间的约束力立即消灭，行为自始无效。

**一针见血** 狭义无权代理中被代理人的拒绝权与相对人的撤销权：
- 被代理人行使拒绝权的，狭义无权代理行为不约束被代理人，但约束行为人与相对人。
- 相对人行使撤销权的，狭义无权代理行为的约束力消灭。

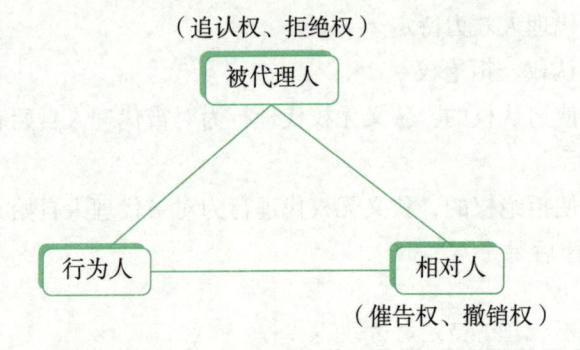

（追认权、拒绝权）
被代理人

行为人 —— 相对人
（催告权、撤销权）

**迷你案例**
案情：乙不享有甲的代理权，却以甲的名义，通过对丙实施胁迫的方式，与丙订立了合同。
问1：丙有几项撤销权？如何行使？
答案：两项。①因乙实施狭义无权代理行为，丙享有相对人的撤销权，其行使的方式为单方通知；②因乙实施胁迫行为，丙享有被胁迫人的撤销权，其行使的方式为提起诉讼或申请仲裁。

问 2：如果甲表示追认，那么：
问❶：甲追认的是乙的哪一个行为？
答案：甲所追认的是乙的狭义无权代理行为。因为乙对丙的胁迫行为，甲无从追认。
问❷：此时，丙有几项撤销权？如何行使？
答案：一项。甲表示追认的，丙不再享有狭义无权代理中相对人的撤销权。但是，丙作为被胁迫人所享有的撤销权并不会因甲的追认而消灭，其仍可以以诉讼或仲裁的方式撤销该行为。
问❸：若丙未行使撤销权，则该合同约束谁？
答案：甲、丙。甲表示追认的，丙受胁迫所订立的合同约束甲、丙。因此，若丙行使撤销权，则甲、丙之间的合同被撤销；若丙未行使撤销权，则甲、丙受该合同的约束。

## （二）表见代理

1. 含义：表见代理，是指基于表见事由，不知情的相对人可以相信行为人享有代理权的无权代理。

2. 表见事由

(1) 常见类型

❶ 公章、证书、文件；

❷ 交易习惯；

❸ 与行为相适应的职务。

**迷你案例**

案情：甲公司业务员张某长期负责甲公司与乙公司的业务往来，乙公司已经习以为常。张某辞职后，仍以甲公司的名义与乙公司订立合同。

问题：张某的行为构成狭义无权代理还是表见代理？

答案：张某的行为构成表见代理。

(2) 表见事由的要求

❶ 表见事由必须是真实的事实。

**迷你案例**

案情：甲伪造乙的公章，以乙的名义与不知情的丙订立合同。

问题：甲的行为构成狭义无权代理还是表见代理？

答案：甲的行为构成狭义无权代理。

❷ 表见事由是针对不知情的相对人而言的。对于知道行为人是无权代理的相对人，表见事由没有意义。

**迷你案例**

案情：乙保管甲的合同专用章，在未征得甲同意的情况下，擅自使用该印章与自己订立

合同。

问题：乙的行为是否构成表见代理？

答案：不构成。尽管本案中存在真实的印章，但是因无权代理人乙自己就是相对人，不存在对于印章的信赖，故乙的行为构成狭义无权代理。

3. 效力

（1）表见代理对被代理人有效，即被代理人必须承受表见代理的法律后果；

（2）被代理人承担责任后，所遭受的损失可以向行为人追偿。

[法条链接]《民法典》第171条第1、2款，第172条。

**总结梳理**

|  | 构成 | 效力 |
| --- | --- | --- |
| 狭义无权代理 | 表见代理以外的无权代理 | 对被代理人效力待定 |
| 表见代理 | ①表见事由；②不知情的相对人相信 | 对被代理人有效 |

## 09 不能订立担保合同的担保人

1. 机关法人提供担保的，担保合同无效，但是经国务院批准为使用外国政府或者国际经济组织贷款进行转贷的除外。

2. 居民委员会、村民委员会提供担保的，担保合同无效，但是依法代行村集体经济组织职能的村民委员会，依照《村民委员会组织法》规定的讨论决定程序对外提供担保的除外。

3. 登记为非营利法人的学校、幼儿园、医疗机构、养老机构等提供担保的，担保合同无效，但是有下列情形之一的除外：

（1）在购入或者以融资租赁方式承租公益设施时，出卖人、出租人为担保价款或者租金实现而在该公益设施上保留所有权；

（2）以公益设施以外的财产或财产权利设立担保物权。

**迷你案例**

案情：甲大学为非营利性的事业单位法人。

问1：甲大学为从银行贷款，以实验楼以及校领导的专车向银行设立抵押。该抵押合同效力如何？

答案：实验楼为公益设施，该部分抵押合同无效；校领导的专车为非公益设施，该部分抵押合同有效。

问2：甲大学为获得教学实验设备，与乙公司订立设备买卖合同，约定乙公司将设备交予甲大学使用的同时保留所有权。该买卖合同效力如何？

答案：有效。非营利法人作为买受人与他人订立的保留所有权买卖合同有效。

问3：甲大学为获得教学实验设备，与乙公司订立融资租赁合同，约定乙公司从丙厂购买设备后出租给甲大学。该融资租赁合同效力如何？

答案：有效。非营利法人作为承租人与他人订立的融资租赁合同有效。

需要注意的是，登记为营利法人的学校、幼儿园、医疗机构、养老机构等提供担保的，担保合同有效。

[法条链接]《担保制度解释》第5、6条。

## 第二讲 小综案例

考点 09

### 案 情

甲公司为独资设立南星公司，委托张三寻租写字楼、李四购买A型复印机，以作未来南星公司办公之用。

张三发现时代广场写字楼的条件理想，因时代广场是飞达公司所开发，张三通过查阅企业法人信息得知飞达公司的法定代表人为刘飞，遂与刘飞订立了租赁合同，双方约定："甲公司承租飞达公司开发的时代广场的第10层写字楼，年租金为9万元。"张三在该租赁合同中签字，但该合同并未加盖南星公司的印章。及至租金交付之日，南星公司已经成立。此时，飞达公司致函南星公司，称："本公司的法定代表人1年前已经由刘飞变更为郭达，故本公司不接受刘飞以本公司的名义与贵公司所订立的租赁合同。"

南星公司成立后，李四与阿姆斯壮公司的代理人汤姆订立了《办公设备买卖合同》，双方约定："李四购买阿姆斯壮公司的A型复印机，本合同以南星公司与阿姆斯壮公司加盖公章为成立条件。"合同订立后，李四、汤姆均签字。经查，阿姆斯壮公司原本仅委托汤姆销售健身器材。阿姆斯壮公司得知此事后，仍按期向李四交付了A型复印机，但其始终未在合同上盖章。及至付款之日，因南星公司未将货款交付给李四，导致李四无法向阿姆斯壮公司付款。李四遂以汤姆系无权代理为由，拒不承认阿姆斯壮公司对自己享有付款请求权，并称自己也是受甲公司委托办理此事。于是，阿姆斯壮公司又请求

甲公司支付货款。后经协商，甲公司同意付款，且由南星公司与阿姆斯壮公司订立保证合同，为甲公司的付款义务提供担保。

**问题**

1. 房屋租赁合同并未加盖南星公司的印章，该合同能否成立？为什么？
2. 飞达公司能否拒绝接受该租赁合同的约束？为什么？
3. 飞达公司可以请求谁支付租金？为什么？
4. 阿姆斯壮公司未盖章，《办公设备买卖合同》是否成立？为什么？
5. 李四能否以汤姆系无权代理为由，拒不承认阿姆斯壮公司对其享有付款请求权？为什么？
6. 李四表示自己是受甲公司的委托后，阿姆斯壮公司是否有权请求甲公司付款？为什么？
7. 南星公司为甲公司的价金债务提供担保的行为是否有效？为什么？

**答案**

1. 能。张三享有代理权，为有权代理，故南星公司未盖章不影响合同的成立。
2. 不能。尽管飞达公司的法定代表人已经变更，但法人登记并未变更，其不得对抗善意相对人，故飞达公司应接受该租赁合同的约束。
3. 飞达公司可以在甲公司与南星公司之间进行选择。设立人为设立法人，以自己的名义订立的合同，法人成立后，相对人可以在设立人与法人之间选择一个作为合同的相对人。
4. 是。该合同约定以双方公司盖章为成立条件，构成要式合同，但阿姆斯壮公司已经将 A 型复印机交付，即履行了主要义务且对方接受，故合同成立。
5. 不能。汤姆构成狭义无权代理，但阿姆斯壮公司交付 A 型复印机的行为构成追认，故其自始承受该买卖合同的法律后果，具有出卖人的资格，李四应承认阿姆斯壮公司对其享有付款请求权。
6. 有权。隐名代理中，因被代理人违约，代理人进行披露后，相对人可以在被代理人与代理人之间选择一个作为合同的相对人，主张权利。
7. 有效。一人公司为其股东的债务提供担保的，无需公司决议，担保有效。

# 第3讲 LECTURE 03

# 合同的效力瑕疵

## 10 合同无效

典型合同 ⇒ 合同无效特定事由 ⇒ 合同或约定无效 ⇒ 合同无效、被撤销的法律后果

### 一、一般无效事由

1. 无民事行为能力人未经代理所订立的合同。
2. 违反法律、行政法规的效力性强制规定订立的合同。
（1）效力性强制规定和管理性强制规定
❶法律、行政法规禁止实施某一民事法律行为的，为效力性强制规定。违反效力性强制规定的，合同无效。

**迷你案例**

案情："禁止毒品买卖"之规定：
问1：属于效力性强制规定还是管理性强制规定？
答案：效力性强制规定。毒品买卖为法律禁止实施的民事法律行为，故该规定为效力性强制规定。

问2：毒品买卖合同的效力如何？
答案：无效。违反效力性强制规定，合同无效。

❷法律、行政法规并未禁止实施某一民事法律行为，但是要求"具备相应前提条件"的，为管理性强制规定。违反管理性强制规定的，不影响合同的效力。

> **迷你案例**
>
> 案情："开展经营活动需办理工商营业执照"之规定：
>
> 问1：属于效力性强制规定还是管理性强制规定？
>
> 答案：管理性强制规定。经营活动本身并不为法律所禁止，法律只是要求其办理相关手续，故该规定为管理性强制规定。
>
> 问2：未办理工商登记，实施营业活动，与他人订立的消费合同，效力如何？
>
> 答案：有效。违反管理性强制规定，需承担行政责任，但并不影响民事法律行为的效力。

（2）管理性强制规定的具体化

❶法律规定"未向国家缴纳税金或出让金，财产不得转让"之类，未交税金、出让金就转让财产的，合同有效。

❷法律规定合同的订立需以一方达到特定条件为前提，但对方对此无能力、无义务加以审查的，合同有效。

❸法律规定"未办相关手续而交易，合同无效"之类，原则上该规定为"效力性强制规定"；但是，一方能办而未办，又以未办为由主张合同无效的，不予支持。

3. 恶意串通

（1）主观要件：恶意串通的双方当事人应当知道自己的行为会损害第三人的利益，且双方当事人的行为目的正是以损害第三人的利益为代价，使一方或双方当事人获得其本不应当获得的利益；

（2）客观要件：恶意串通的行为具有不正常性，如弄虚作假、行贿受贿等，这是恶意串通与正常交易的分水岭。

> **迷你案例**
>
> 1. 案情：甲将房屋A出卖给乙，尚未办理过户登记。丙得知此事后，向甲表示愿出更高的价格购买，甲遂将房屋A又出卖给丙。
>
>    问题：甲、丙之间的买卖合同效力如何？
>
>    答案：有效。尽管甲、丙都知道该买卖合同会损害乙的利益，但甲、丙之间的买卖合同并无任何不正常性，仍属于正常交易，故甲、丙不构成恶意串通，该买卖合同有效。
>
> 2. 案情：甲将抵押给银行的房屋出租给乙后，在租期内，因甲到期不向银行偿还借款，银行欲行使抵押权。为使乙受到买卖不破租赁之保护，甲、乙重新订立租赁合同，并将租赁日期提前到银行的抵押权成立之前。
>
>    问题：甲、乙之间重新订立的租赁合同效力如何？
>
>    答案：无效。甲、乙都知道该租赁合同会损害银行的利益，且该合同弄虚作假，具有不正常性，故甲、乙构成恶意串通，该租赁合同无效。

4. 损害社会公共利益与社会公德，违背公序良俗。

5. 当事人约定对造成对方人身损害，以及因故意或者重大过失造成对方财产损失免责的条款。

## 二、无效的格式条款

1. 不当免责的格式条款

（1）类型

❶提供格式条款一方不合理地免除或者减轻其责任、加重对方责任、限制对方主要权利；

❷提供格式条款一方排除对方主要权利。

（2）效力

不当免责的格式条款无效。

**迷你案例**

案情：通讯服务商与购买特殊手机号的客户订立电信服务合同。

问1：如果合同规定"不得变更套餐"，则该项规定效力如何？

答案：该项规定"排除对方主要权利"，无效。

问2：如果合同规定"30年内不得变更套餐"，则该项规定效力如何？

答案：该项规定"不合理地限制对方主要权利"，无效。

问3：如果合同规定"1年内不得变更套餐"，则该项规定效力如何？

答案：该项规定不属于不当免责条款，并不当然无效。如果通讯服务商尽到了提示注意、说明义务，则该项规定有效。

2. 正当免责的格式条款

（1）含义

正当免责的格式条款，是指格式条款的内容全部或部分免除提供一方的责任，限制了相对人的权利，但是尚未导致当事人双方权利义务严重失衡的条款。

（2）效力

❶原则上，正当免责的格式条款有效；

❷提供格式条款一方如不能证明自己尽到了提示注意、说明义务，则该条款无效；

❸对于通过互联网等信息网络订立的电子合同，提供格式条款一方仅以设置"勾选"或"弹窗"方式提示对方注意的，不构成尽到"提示注意、说明义务"。

**一针见血** 格式免责条款的效力：

- 不当免责条款，无效。
- 正当免责条款，原则上有效；有证据证明提供方未尽提示注意、说明义务的，无效。

> **迷你案例**

案情：甲手机销售商与乙订立了手机买卖合同。保修政策中规定："如乙擅自拆开手机，则甲手机销售商不再承担保修义务。"乙的手机在保修期间出现故障，乙请求甲手机销售商保修。甲手机销售商发现乙曾经拆开了手机，遂拒绝保修。

问题：甲手机销售商能否拒绝承担保修义务？

答案：如果甲手机销售商能够证明自己已经尽到提示注意或说明义务，则有权拒绝承担保修义务；否则，乙可主张该条款无效。

[法条链接]《民法典》第144、153、154条，第496条第1款，第497、506条；《合同编通则解释》第10条第3款。

### 三、买卖合同中的无效事由

1. 因出卖人故意或者重大过失不告知买受人标的物瑕疵的，买卖合同中关于"出卖人免于或减轻承担品质瑕疵担保责任"的约定无效。
2. 分期付款买卖合同约定"合同解除后，买受人已付价款不予退还"的，该约定无效。
3. 出卖人未取得商品房预售许可证明，与买受人订立的商品房预售合同，应当认定无效。例外情况是：

（1）出卖人在起诉前取得商品房预售许可证明的，可以认定商品房预售合同有效；

（2）出卖人能够办理预售许可证而不办，又以自己没有预售许可证为由主张商品房买卖合同无效的，法院不予支持。

> **迷你案例**

案情：开发商无预售许可证，与买受人订立商品房买卖合同，在起诉前也未取得预售许可证。

问1：该合同效力如何？

答案：无效。

问2：若开发商能办理预售许可证而未办理，又以此为由主张合同无效，应否支持？

答案：不予支持。

[法条链接]《民法典》第618条；《买卖合同解释》第27条第2款；《最高人民法院关于审理商品房买卖合同纠纷案件适用法律若干问题的解释》第2条。

### 四、民间借贷合同中的无效事由

1. 具有下列情形之一的，民间借贷合同无效：

（1）从金融机构套取贷款转贷，或以向其他营利法人借贷的方式取得的资金转贷的；

（2）向本单位职工集资转贷，或以向公众非法吸收存款等方式取得的资金转贷的。

> **一针见血** 转贷无效事由：从企业、公众处借来资金，进而转贷的，转贷无效。

2. 职业放贷人与他人订立的民间借贷合同无效。

职业放贷人，是指未依法取得放贷资格的、以民间借贷为业的组织或个人。职业放贷人的认定标准是，同一出借人在一定期间内多次反复从事有偿的民间放贷行为。

3. 出借人事先知道或者应当知道借款人借款用于违法犯罪活动仍然提供借款的，借款合同无效。

4. 约定的利率超过合同成立时"1年期贷款市场报价利率（LPR）"4倍的部分，性质为高利贷，该超过部分的约定无效。

[法条链接]《最高人民法院关于审理民间借贷案件适用法律若干问题的规定》第13条、第25条第1款。

### 五、租赁合同中的无效事由

1. 原则上，未办理建设手续的违法建筑或违法临时建筑出租，租赁合同无效。
2. 原则上，经批准的临时建筑租赁合同，约定租期超过批准的使用期限的部分无效。
3. 租期超过20年的租赁合同，超过20年的部分无效。

[法条链接]《民法典》第705条第1款；《城镇房屋租赁合同解释》第2、3条。

### 六、建设工程施工合同中的无效事由

1. 发包无效事由

（1）发包人未取得建设工程规划许可证等规划审批手续。例外有二：

❶发包人在起诉前取得建设工程规划许可证等规划审批手续的除外；

❷发包人能够办理审批手续而未办理，并以未办理审批手续为由请求确认建设工程施工合同无效的，法院不予支持。

（2）支解发包，即发包人将应当由一个承包人完成的建设工程支解成若干部分发包给数个承包人。

（3）承包人未取得建筑业企业资质或者超越资质等级。但是，承包人在建设工程竣工前取得相应资质等级的，建设工程施工合同有效。

（4）没有资质的实际施工人借用有资质的建筑施工企业名义订立合同。

（5）建设工程必须进行招标而未招标或者中标无效。

2. 分包无效事由

（1）承包人未经发包人同意而分包。

（2）支解分包，即承包人将其承包的全部建设工程支解以后以分包的名义分别转包给第三人。

（3）主体工程分包。建设工程主体结构的施工必须由承包人自行完成。承包人将主体工程分包的，分包无效。

（4）分包给不具备相应资质条件的单位。但是，分包人在建设工程竣工前取得相应资质等级的，分包合同有效。

（5）分包单位将其承包的工程再分包。

3. 转包无效事由：转包合同一律无效。

4. 实质性变更中标合同的约定无效。招标人和中标人在中标合同之外就明显高于市场价格购买承建房产、无偿建设住房配套设施、让利、向建设单位捐赠财物等另行签订合同，变相降低工程价款的，该合同无效。

5. 发包人与承包人约定放弃或者限制建设工程价款优先受偿权，损害建筑工人利益的，该约定无效。

**一针见血** 建设工程施工合同无效的法律后果：

工程款约定因合同无效而无效，但建设工程经竣工验收合格的，承包人可主张参照合同折价补偿工程款。

[法条链接]《民法典》第791条；《建设工程施工合同解释（一）》第1~4、42条。

### 七、物业服务合同中的无效事由

物业服务人将其应当提供的全部物业服务转委托或者支解后分别转委托给第三人而签订的委托合同，无效。

[法条链接]《民法典》第941条第2款。

### 八、流质约款无效

流质约款，是指当事人在债务履行期限届满前所达成的"债务到期不履行，担保物所有权归债权人，债权债务消灭"的约定。

[法条链接]《民法典》第401、428条。

### 九、定金约定中的无效事由

当事人约定的定金数额或实际交付的定金数额超过主合同标的额的20%的，超过部分不产生定金的效力。

[法条链接]《民法典》第586条第2款。

### 十、器官捐献合同中的无效事由

以任何形式买卖人体细胞、人体组织、人体器官、遗体的行为，均无效。

[法条链接]《民法典》第1007条。

## 11 合同可撤销

### 一、可撤销事由

#### （一）欺诈与重大误解

1. 含义

（1）欺诈，是指行为人一方故意告知对方虚假的交易事项，或者故意隐瞒真实的交易事项，致使对方当事人作出不真实意思表示的行为；

（2）重大误解，是指因自身原因，对重大的交易事项产生错误判断，因而作出不真实的意思表示的行为。

2. 对象

（1）欺诈的对象仅限于"交易事项"，即与交易有关的事项；反之，在与交易无关、不涉及交易成败的事项上纵有欺骗，亦不构成欺诈。

**迷你案例**

问1：甲隐瞒所卖汽车发生过交通事故的事实，与乙订立汽车买卖合同。甲的行为是否构成欺诈？

答案：是。"交通事故"之于车辆买卖，为交易事项。

问2：开发商谎称本小区周边通地铁，为"地铁沿线房"，与购房人订立房屋买卖合同。开发商的行为是否构成欺诈？

答案：是。"地铁沿线"之于房屋买卖，为交易事项。

问3：甲隐瞒已婚事实，将自己的电脑出卖给丙。甲的行为是否构成欺诈？

答案：否。"已婚"之于电脑买卖，并非交易事项。

（2）重大误解的对象

❶ 错误，包括笔误、口误、转达错误；

❷ 误解，包括对交易性质、交易对象、交易标的的误解。

**迷你案例**

1. 案情：甲酒店在客房有偿提供酒水。乙误以为其是赠品，并予以饮用。

问题：乙是否构成重大误解？

答案：是。乙对"交易性质"产生误解，构成重大误解。

2. 案情：甲与乙书法家同名同姓。丙误以为甲就是乙书法家，遂向甲表示愿出50万元购买其一幅书法作品。
   问题：丙是否构成重大误解？
   答案：是。丙对"交易对象"产生误解，构成重大误解。

3. 案情：甲有一个西周青铜器皿，但不知其珍贵，用来喂猫。后甲将该青铜器皿赠送给乙。
   问题：甲是否构成重大误解？
   答案：是。甲对"交易标的"产生误解，构成重大误解。

**总结梳理**

|  | 甲为限制行为能力人、无权处分人、无权代理人 |
| --- | --- |
| 甲骗乙：自己有行为能力、处分权、代理权 | 甲不构成欺诈 |
| 乙误信：甲有行为能力、处分权、代理权 | 乙不构成重大误解 |

## （二）胁迫

1. 含义

胁迫既可以是心理威胁，也可以是身体强制，如强迫对方当事人签字画押。

2. 胁迫的本质，是通过威胁、强制手段，迫使对方当事人与之达成合意，强迫成交。因此，胁迫的成立，以对方当事人享有"不成交自由"为逻辑前提。

**迷你案例**

1. 案情：甲对乙说："你不在合同上签字，我就弄死你。"乙遂签字。
   问题：甲对乙是否构成胁迫？
   答案：构成。因乙本有不签字的自由，故甲构成胁迫。

2. 案情：甲对乙说："你不还钱，我就弄死你。"乙遂还钱。
   问题：甲对乙是否构成胁迫？
   答案：不构成。因乙本就没有不还钱的自由，故甲不构成胁迫。

3. 第三人欺诈、胁迫

（1）第三人欺诈

只有在受欺诈方的相对人知道或者应当知道该欺诈行为时，受欺诈方才享有撤销权。

（2）第三人胁迫

无论受胁迫方的相对人是否知道或者应当知道该胁迫行为，受胁迫方均享有撤销权。

（3）第三人欺诈、胁迫的侵权责任

第三人欺诈、胁迫，致受欺诈、胁迫方损害的，应承担损害赔偿责任；受欺诈、胁迫方也有过错的，过失相抵。但是，法律、司法解释对当事人与第三人的民事责任另有规定的，依照其规定。

> **总结梳理**

| | 撤销权的成立条件 | 第三人责任 |
|---|---|---|
| 第三人欺诈 | 需问相对人是否知道 | 可请求第三人赔偿；但受欺诈、胁迫方也有过错的，过失相抵 |
| 第三人胁迫 | 不问相对人是否知道 | |

### （三）显失公平

1. 显失公平，是指一方当事人利用自己的优势，或者利用对方的危难处境，致使双方的权利义务明显违反公平、等价有偿原则的行为。

2. 导致双方地位不对等的原因有二：①一方利用自己交易经验、经济地位上的优势；②一方利用对方的危难处境。

[法条链接]《民法典》第 147~151 条；《最高人民法院关于适用〈中华人民共和国民法典〉总则编若干问题的解释》第 19~22 条；《合同编通则解释》第 5 条。

## 二、撤销权的行使

1. 可撤销的民事法律行为中的撤销权，性质为形成权。撤销权人必须行使该权利，才会发生撤销民事法律行为的效果。

> **迷你案例**
>
> 案情：甲酒店客房内备有酒水，标价单上的价格高于市价。乙入住甲酒店，未留意标价单，误以为酒水免费，遂饮之。
>
> 问1：甲酒店与乙之间的酒水买卖合同效力如何？
> 答案：可撤销。因乙构成重大误解，故该酒水买卖合同可撤销。
>
> 问2：如果乙未行使撤销权，则后果如何？
> 答案：该酒水买卖合同的约束力持续，乙应当按照标价单支付价款。

2. 可撤销的民事法律行为中的撤销权人，为行为人中意思表示不真实的一方。

3. 可撤销的民事法律行为中的撤销权行使方式，为提起诉讼或申请仲裁。以单方通知的方式行使撤销权的，视为撤销权未行使。

4. 可撤销的民事法律行为中撤销权的行使，受撤销期间的约束。撤销期间分为两种类型：

（1）短期撤销期间

❶欺诈、显失公平，自知道或者应当知道撤销事由之日起 1 年内行使撤销权；

❷重大误解，自知道或者应当知道撤销事由之日起 90 日内行使撤销权；

❸胁迫，自胁迫行为终止之日起 1 年内行使撤销权。

**(2) 最长撤销期间**

当事人自民事法律行为发生之日起 5 年内没有行使撤销权的，撤销权消灭。

[法条链接]《民法典》第 152 条。

### 总结梳理

| | 短期撤销期间 | | 最长撤销期间 | |
|---|---|---|---|---|
| | 起点 | 长度 | 起点 | 长度 |
| 欺诈 | 知道或应当知道 | 1年 | 民事法律行为发生之日 | 5年 |
| 显失公平 | 知道或应当知道 | 1年 | | |
| 重大误解 | 知道或应当知道 | 90日 | | |
| 胁迫 | 胁迫行为终止之日 | 1年 | | |

# 12 合同无效、被撤销的法律后果

## 一、合同无效、可撤销与登记无关

有无效或可撤销事由的合同，即使办理了相关登记手续（备案登记、过户登记等），或经主管部门审批，依然是无效或可撤销合同。

## 二、合同无效或被撤销的一般后果

### （一）返还财产

**1. 含义**

民事法律行为无效或被撤销后，一方当事人因该民事法律行为而取得的财产或获得的利益，应当返还给对方当事人；不能返还或者没有必要返还的，应当折价补偿。

**2. 双务法律行为无效或被撤销后标的物与价金的相互返还**

（1）返还标的物一方，"使用"或"依法可以使用"标的物的，应支付使用费。

### 迷你案例

案情：甲将汽车 A 以 100 万元的价格出卖给乙，钱车两清。现汽车买卖合同因甲欺诈乙而被撤销。经查，乙并未使用汽车 A。

问 1：甲如何返还价金？

答案：甲返还价金 100 万元，并按照"1 年期贷款市场报价利率（LPR）"支付利息。

问 2：乙如何返还汽车 A？

答案：乙返还汽车 A，并支付使用费。

问 3：如果甲将汽车 A 出质给乙，并交付。现质押合同无效。乙如何返还汽车 A？

答案：乙返还汽车 A，且无需支付使用费。

（2）价金返还时的利息确定

❶返还义务人有过错的，按"1 年期贷款市场报价利率（LPR）"计算；

❷返还义务人没有过错的，按"同期同类存款基准利率"计算。

（3）标的物与价金相互返还时，一方主张标的物的使用费与价金的利息相互抵销的，可以抵销，但是法律另有规定的除外。

（4）标的物与价金的相互返还为对待给付，同时返还，故可适用同时履行抗辩权。

**总结梳理**

|  | 利息与使用费 | 抗辩与抵销 |
|---|---|---|
| 返还价金 | ①有过错：1 年期贷款市场报价利率（LPR）<br>②无过错：同期同类存款基准利率 | ①标的物与价金的返还，可以适用同时履行抗辩 |
| 返还标的物 | 使用、依法可以使用的，支付使用费 | ②使用费与利息的返还，可以主张抵销 |

（二）赔偿损失

1. 含义

原则上，民事法律行为被确认无效或被撤销后，有过错的一方应当赔偿对方由此所受到的损失；双方都有过错的，应当各自承担相应的责任。该项责任的性质为"缔约过失责任"。

2. 限额

在合同无效或被撤销的情况下，无过错方有权索赔的数额不应超过合同有效且正常履行时无过错方可以获得的利益。

[法条链接]《民法典》第 157 条；《合同编通则解释》第 13、25 条。

### 三、房屋租赁合同无效的法律后果

房屋租赁合同无效的，出租人不得请求承租人支付租金，但有权请求承租人参照合同约定的租金标准支付房屋占有使用费。

[法条链接]《城镇房屋租赁合同解释》第 4 条第 1 款。

### 四、建设工程施工合同无效的法律后果

1. 建设工程施工合同无效，但建设工程经验收合格的，承包人有权请求参照合同关于工程价款的约定折价补偿。

2. 建设工程施工合同无效，且建设工程经验收不合格，修复后的建设工程经验收合格

的，承包人有权请求参照合同约定折价补偿工程价款，但修复费用自理；修复后的建设工程经验收仍不合格的，承包人无权请求对工程价款折价补偿。

[法条链接]《民法典》第793条第1、2款。

### 五、担保合同无效的法律后果

担保合同无效时，担保人的责任性质不再是"担保责任"，而是"缔约过失责任"（赔偿责任），即在因一方过错导致合同无效的情况下，该方向对方所承担的赔偿责任。因此，担保合同无效时，当事人责任的承担以"过错"为基础。

1. 主合同有效而担保合同无效

主合同有效而担保合同无效，即债权人与债务人所订立的主合同有效，而债权人与担保人所订立的担保合同无效或被撤销。此时，法律后果是：

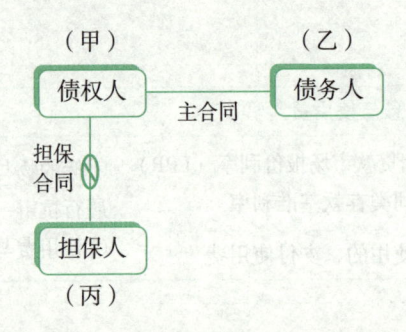

```
    （甲）              （乙）
   债权人 ——主合同—— 债务人
     │
   担保
   合同
     │
   担保人
    （丙）
```

（1）债权人有过错而担保人无过错的，担保人不承担赔偿责任；

（2）债权人与担保人均有过错的，担保人承担的赔偿责任不应超过债务人不能清偿部分的1/2；

（3）担保人有过错而债权人无过错的，担保人对债务人不能清偿的部分承担赔偿责任。

2. 主合同无效导致担保合同无效

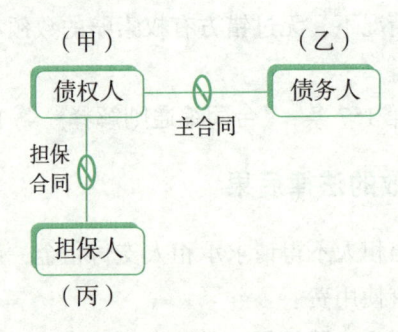

```
    （甲）              （乙）
   债权人 ——主合同—— 债务人
     │
   担保
   合同
     │
   担保人
    （丙）
```

（1）担保人无过错的，不承担赔偿责任；

（2）担保人有过错的，其承担的赔偿责任不应超过债务人不能清偿部分的1/3。

[法条链接]《民法典》第682条；《担保制度解释》第17条。

**迷你案例**

案情：甲银行借给乙公司100万元，乙公司以房屋A向甲银行设立抵押，并办理了抵押登记。丙向甲银行提供保证。经查，丙为公益性大学。

问1：甲银行与乙公司的借款合同效力如何？
答案：有效。

问2：甲银行与丙的保证合同效力如何？
答案：无效。登记为非营利法人的大学，不得为担保人。

问3：对保证合同的无效，谁有过错？
答案：甲银行与丙均有过错。

问4：丙的赔偿责任有多少？
答案：不超过乙公司不能清偿部分的1/2。

## 第三讲 小综案例

**案情**

科达地产公司（以下简称"科达公司"）与天成建筑公司（以下简称"天成公司"）订立建设工程施工合同，约定由天成公司承建科达公司"大明不夜城"住宅小区的项目。经查，科达公司与天成公司订立合同时并没有取得建设工程规划许可证，在该工程即将竣工时才取得该证。天成公司在建设过程中，将主体工程分包给平海公司，科达公司对此表示同意。

"大明不夜城"住宅小区项目竣工后，科达公司与秦光明就房屋A订立《商品房买卖合同》。经查，《商品房买卖合同》是科达公司根据主管机关颁布的示范文本单方拟制，且与秦光明订立的合同为其首次使用。《商品房买卖合同》约定，科达公司对房屋A的电路部分不承担保修责任。

据了解，秦光明之所以购买房屋A，是因为同事花小容告知秦光明，"大明不夜城"小区是本市名校清北中学的学区房，但科达公司对此并不知情。科达公司交房后，秦光明才知道此为谣传，且花小容系有意为之。

又查，秦光明为筹措购房款，与西山公司订立借款合同，款项现已交付，且西山公司系将其内部集资所得款项出借给秦光明。

科达公司为秦光明办理了所有权登记后，秦光明告诉马小芸，"大明不夜城"小区是清北中学的学区房，马小芸大感兴趣，于是秦光明将房屋A以100万元的价格出卖给马小芸，知情的花小容为秦光明的价金债权提供连带责任保证。

## 问 题

1. 科达公司与天成公司的建设工程施工合同效力如何？为什么？
2. 天成公司与平海公司的建设工程分包合同效力如何？为什么？
3. 科达公司与秦光明之间的《商品房买卖合同》是否为格式条款合同？为什么？
4. 科达公司与秦光明的房屋A买卖合同中"科达公司对房屋A的电路部分不承担保修责任"之约定，效力如何？为什么？
5. 秦光明可否以"大明不夜城"小区并非清北中学学区房，花小容涉嫌欺诈为由，诉请法院撤销其与科达公司之间的房屋A买卖合同？为什么？
6. 秦光明可否以"大明不夜城"小区并非清北中学学区房，自己构成重大误解为由，诉请法院撤销其与科达公司之间的房屋A买卖合同？为什么？
7. 秦光明可否请求花小容赔偿自己的损失？为什么？
8. 西山公司与秦光明之间的借款合同效力如何？为什么？
9. 马小芸可否撤销其与秦光明之间的房屋A买卖合同？为什么？
10. 如果秦光明、马小芸之间的买卖合同已办理预售备案登记手续，该合同效力如何？为什么？
11. 法院判决撤销合同后，花小容是否应当承担责任？为什么？

## 答 案

1. 有效。发包人未取得建设工程规划许可证的，建设工程施工合同无效；但是，发包人在起诉前取得该许可证的除外。
2. 无效。主体工程分包的，合同无效。
3. 是。该合同是科达公司根据示范文本单方拟制的，且以重复使用为目的，为格式条款合同。
4. 无效。该约定构成排除相对人主要权利的不当免责格式条款，依法无效。
5. 不可以。花小容构成第三人欺诈，但受欺诈方因第三人欺诈主张撤销合同的，需要以相对人知道或应当知道为条件，而本案中的科达公司对此并不知情。
6. 不可以。"学区房"之事实不属于重大误解的范畴，故秦光明不得以重大误解为由诉请法院撤销合同。
7. 可以。第三人欺诈、胁迫，对受欺诈、胁迫方造成损失的，受欺诈、胁迫方有权请求第三人赔偿损失。
8. 无效。用内部集资或非法吸收公众存款的方式取得的资金转贷的，转贷合同无效。
9. 可以。"学区房"属于房屋A买卖合同的交易事项，秦光明对马小芸构成欺诈。
10. 该合同可撤销。因秦光明对马小芸存在欺诈，故该合同可撤销。至于该合同已经办理预售备案登记手续之事实，与其可撤销的效力无关。
11. 应当。主合同被撤销的，担保合同随之无效。担保人有过错的，承担不超过债务人不能清偿部分1/3的过错赔偿责任。

# 第4讲 LECTURE 04

# 合同内容的确定

## 13 法律关系的确定

### 一、同一交易、多份合同

当事人之间就同一交易订立的多份合同均为真实意思表示，且不存在其他影响合同效力情形的：

1. 以实际履行的合同为准。
2. 不能确定实际履行的为哪一个合同的，以最后的合同为准。

［法条链接］《合同编通则解释》第14条第3款。

### 二、无名合同

无名合同，是指在法律中没有明确规定的"四不像"合同。
1. 无名合同的效力
根据合同自由原则，无名合同并不因法律未作出规定而无效。
2. 无名合同的法律适用
（1）适用《民法典》合同编第一分编"通则"中关于合同的一般性规定；
（2）可以参照适用《民法典》合同编第二分编"典型合同"或者其他法律最相类似的有名合同的规定。

［法条链接］《民法典》第467条第1款。

> **迷你案例**
>
> 案情：甲、乙双方达成协议，约定甲的手机与乙的电脑所有权相互交换。
>
> 问1：甲、乙之间的协议是什么合同？效力如何？
>
> 答案：无名合同。其并不违反民事法律行为的效力要件，故为有效。
>
> 问2：甲、乙之间的协议如何适用法律？
>
> 答案：适用《民法典》合同编第一分编"通则"中的一般规则，并可参照适用《民法典》合同编第二分编"典型合同"中买卖合同的特殊规则。

### 三、婚后负债的归属

1. 夫妻一方或双方与债权人约定为个人债务或夫妻共同债务的，从其约定。具体来讲：

（1）夫妻双方共同签名或夫妻一方事后追认的，为夫妻共同债务；

（2）夫妻一方与债权人明确约定为个人债务，或夫妻双方内部约定为个人债务，且"债权人知道或应当知道"的，为个人债务。

2. 没有上述约定的，夫妻一方以个人名义为"家庭日常生活需要""夫妻共同生产经营需要"所负的债务，为夫妻共同债务。

3. 夫妻共同债务的清偿

（1）在外部关系中，夫妻对其共同债务承担连带清偿责任，且不以婚姻关系的存续为条件。

（2）在内部关系中，夫妻双方各自应承担的份额，由双方协议清偿；协议不成的，由法院判决。一方就夫妻共同债务承担连带清偿责任后，有权基于离婚协议或法院的法律文书，向另一方主张追偿。

[法条链接]《民法典》第1060、1064条；《最高人民法院关于适用〈中华人民共和国民法典〉婚姻家庭编的解释（一）》第35条。

> **总结梳理**

| | | |
|---|---|---|
| 外部约定 | （1）外部约定为个人债务<br>（2）内部约定为个人债务，且债权人知情 | 个人债务 |
| | （1）外部约定为夫妻共同债务<br>（2）一方举债，另一方事后追认 | ⊙夫妻共同债务，连带责任<br>⊙内部份额，内部效力 |
| 举债用途 | 为日常生活，或为共同生产经营 | |
| | 非为日常生活，且非为共同生产经营 | 个人债务 |

## 14 权利主体的确定：向第三人履行的合同

合同当事人约定，债务人向第三人履行债务的，法律关系有代为受领与利他合同两种可能性。

### 一、代为受领

#### （一）概念

代为受领，是指合同当事人约定，债务人向第三人履行债务，但未约定第三人对债务人享有请求权的情形。

#### （二）法律关系

1. 债务到期后，债权人有权请求债务人向第三人履行债务。
2. 债务人未如约向第三人履行债务的，债权人有权追究债务人的违约责任。

### 二、利他合同

#### （一）概念

利他合同与束己合同相对应：

1. 利他合同，是指订立合同的人承担合同的债务，而该方的债权则由第三人享有的合同。
2. 束己合同，是指订立合同的人享有合同债权、承担合同债务的合同。

#### （二）法律关系

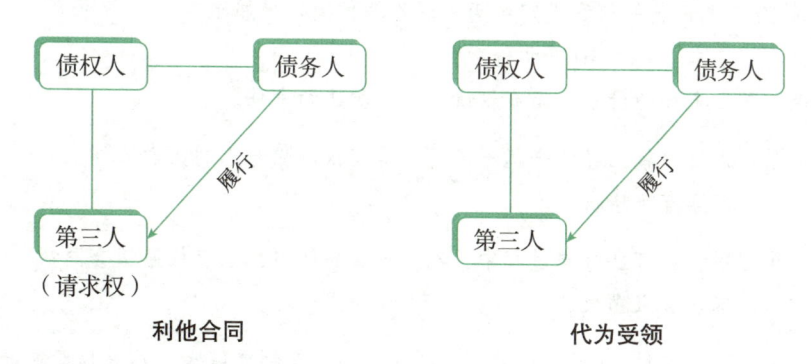

利他合同

代为受领

1. 在债务人与第三人之间
（1）第三人有权请求债务人向自己履行债务；
（2）债务人未如约履行债务的，第三人有权追究其违约责任；

(3) 债务人对债权人的抗辩，可以向第三人主张。

2. 在债权人与第三人之间

(1) 由第三人享有合同一方当事人的债权，无需征得该第三人的同意。

(2) 第三人表示拒绝享有债权，或拒绝受领债务人履行的，该合同转变为束己合同。此时，债权人有权请求债务人向自己履行债务。

3. 在债权人与债务人之间

(1) 利他合同的解除权、撤销权仍然归"债权人"（而非"第三人"）；

(2) 合同被撤销或者被解除的，债务人有权请求"债权人"（而非"第三人"）返还财产；

(3) 第三人拒绝受领或迟延受领，给债务人造成损失的，债务人可请求"债权人"（而非"第三人"）赔偿损失。

**一针见血** 对利他合同的理解：

除了"请求履行""追究不履行的违约责任"在债务人、第三人之间展开外，其他关系仍在债权人、债务人之间展开。

**总结梳理**

| | 履行请求权 | 违约请求权 | 撤销权、解除权 |
|---|---|---|---|
| 代为受领 | 债权人 | 债权人 | 债权人 |
| 利他合同 | 第三人（抗辩权延续） | 第三人（抗辩权延续） | 债权人 |

[法条链接]《民法典》第522条；《合同编通则解释》第29条。

**迷你案例**

案情：甲、乙订立买卖合同，约定甲将汽车A以10万元的价格出卖给乙，甲将请求乙交付10万元价款的权利设定给丙。现乙的付款期限届至。

问1：谁有权请求乙支付10万元价款？

答案：丙。若乙未如约付款，丙有权请求乙承担违约责任。

问2：如果乙迟延付款，经催告仍不履行，谁有权解除与乙的买卖合同？

答案：甲。丙不享有解除权。

问3：如果在甲、乙订立合同过程中，乙对甲实施胁迫，谁有权撤销合同？

答案：甲。丙不享有撤销权。

问4：如果乙向丙支付10万元价款后，买卖合同被撤销或解除，乙有权请求谁返还价款？

答案：甲。

问5：如果乙向丙支付价款，丙拒绝受领，怎么办？

答案：视为丙拒绝享有债权，利他合同转变为束己合同，甲有权请求乙向自己支付价款。

问6：如果乙向丙支付价款，丙拒绝受领或迟延受领，给乙造成损失，怎么办？
答案：乙有权请求甲赔偿损失。

## 15 连带之债的追偿权

### 一、连带债权与连带债务的分配、追偿关系

1. 部分连带债权人就实际受偿部分，应当按照内部份额比例向其他债权人分配。各连带债权人的内部份额难以确定的，视为份额相同。

2. 部分连带债务人履行的债务超过自己份额的，有权按照内部份额比例向其他债务人追偿。各连带债务人的内部份额难以确定的，视为份额相同。

**一针见血** 连带债权人的分配义务与连带债务人的追偿权：
- 连带债权人，需就"实际受偿部分"向其他连带债权人分配。
- 连带债务人，可就"超额履行部分"向其他连带债务人追偿。

### 二、连带债务人的追偿关系

超额履行的连带债务人，就其超额履行的部分享有债权人的权利，但不得损害债权人的利益。

1. 超额履行的连带债务人，就其超额履行的部分对其他连带债务人享有追偿权。其他连带债务人对债权人的抗辩，可以向追偿权人主张。
2. 债权人享有担保权的，追偿权受此担保权的担保。
3. 追偿权上的担保权，不得优先于债权人的担保权受偿。

**总结梳理**

案情：甲、乙按照4∶6的比例对张三负有100万元的连带债务。乙、李四各自提供房屋作为抵押，并登记。

| 张三（债权人）的权利 |
| --- |
| ①张三对甲、乙：债权100万元 |
| ②张三对乙：抵押权 |
| ③张三对李四：抵押权 |

续表

(1) 甲向张三偿还 100 万元。

| 张三（债权人）的权利 | 甲的权利 |
|---|---|
| ①张三对甲、乙：债权消灭 | ①甲对乙：追偿权 60 万元 |
| ②张三对乙：抵押权消灭 | ②甲对乙：抵押权 |
| ③张三对李四：抵押权消灭 | ③甲对李四：抵押权 |

(2) 甲向张三偿还 80 万元。

| 张三（债权人）的权利 | | 甲的权利 | |
|---|---|---|---|
| ①张三对甲、乙：债权 20 万元 | | ①甲对乙：追偿权 40 万元 | |
| ②张三对乙：抵押权 | 先受偿 | ②甲对乙：抵押权 | 后受偿 |
| ③张三对李四：抵押权 | | ③甲对李四：抵押权 | |

[法条链接]《民法典》第 519 条第 1、2 款，第 521 条第 1、2 款。

# 16 选择之债的选择权

## 一、选择权

1. 选择之债的履行，前提是当事人对所存在的多种标的作出选择，从而确定给付的对象。原则上，选择权的归属，当事人没有约定或者约定不明的，归债务人。

**一针见血** 选择之债中的债务人：
- 选择之债中的债务人，即"给出选项的一方"。
- 未约定选择权归属的，债务人享有选择权，意味着"给啥要啥"。

2. 享有选择权的当事人在约定期限内或者履行期限届满未作选择，经催告后在合理期限内仍未选择的，选择权转移至对方。

3. 当事人行使选择权应当及时通知对方，通知到达对方时，债务标的确定。非经对方同意，确定的债务标的不得变更。

## 二、选择之债的履行不能

可选择的债务标的发生不能履行情形的，享有选择权的当事人不得选择不能履行的标的，但是该不能履行的情形是由对方造成的除外。

> **迷你案例**
>
> 案情：甲、乙订立买卖合同，约定甲向乙出卖 A 设备或者 B 设备。现 A 设备灭失。
>
> 问1：甲能否选择交付 A 设备？
>
> 答案：不能。原则上，选择之债部分标的履行不能的，选择权人不得选择该标的。
>
> 问2：若是乙的行为导致了 A 设备灭失，则甲能否选择交付 A 设备？
>
> 答案：能。此时，甲、乙之间的买卖合同按照履行不能处理。选择之债部分标的履行不能的，选择权人不得选择该标的，但该不能履行的情形是由对方当事人造成的除外。

[法条链接]《民法典》第 515、516 条。

## 17 以新贷偿还旧贷中的担保责任

以新贷偿还旧贷，是指当事人双方订立借款合同（新贷），约定以所借款项偿还债务人此前所欠债务（旧贷）的情形。

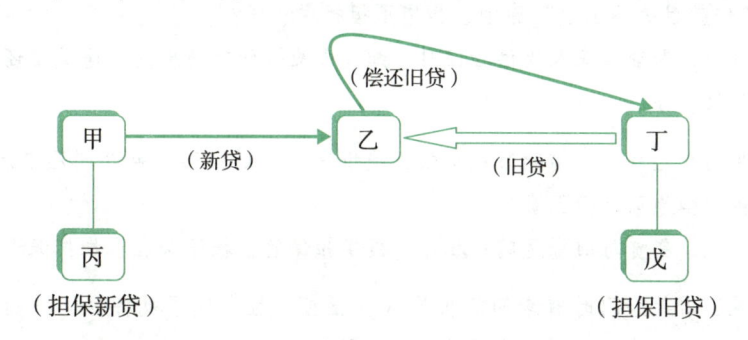

```
甲 ──(新贷)──→ 乙 ←──(旧贷)── 丁
                  (偿还旧贷)
│                                │
丙                               戊
(担保新贷)                    (担保旧贷)
```

### 一、新贷之债的担保责任

原则上，新贷的担保人有权以"所担保的主债权关系以偿还旧贷为目的"为由，不再承担担保责任。

例外情况有二：

1. 担保人提供担保时，知道或者应当知道所担保的主债具有偿还旧贷的用途的，不得再以此为由拒不承担担保责任。

2. 当初旧贷发生时，该担保人即为其提供担保的，不得以新贷具有偿还旧贷的用途为由拒不承担担保责任。

## 二、旧贷之债的担保责任

1. 新贷债权人不得享有旧贷债权人的担保权。

2. 旧贷的物上担保人在担保登记尚未注销的情形下同意继续为新贷提供担保，并办理变更担保登记手续的，新贷债权人可享有该担保物权，且其担保物权登记的时间溯及担保人为旧贷债权人办理登记的时间。

**一针见血** ➤ 新贷债权人担保物权登记时间溯及力的法律意义：

旧贷担保人为新贷债权人办理变更登记之前，又以该担保财产为其他债权人设立担保物权并办理登记的，新贷债权人可优先于其他债权人受偿。

[法条链接]《担保制度解释》第16条。

**迷你案例**

案情：甲借给乙一笔款项，张三提供连带责任保证。经查，2个月前，乙欠丁的债务到期未能偿还，乙从甲处借款的目的就是向丁还款。

问1：张三可否以"乙借款目的不正常"为由，拒绝承担担保责任？

答案：可以。原则上，新贷担保人可以以新贷的用途是偿还旧贷为由，拒绝对新贷承担担保责任。

问2：如果张三与甲订立保证合同时即知道或应当知道此笔借款的用途，则张三可否以"乙借款目的不正常"为由，拒绝承担担保责任？

答案：不可以。新贷担保人提供担保时，知道或应当知道新贷的用途是偿还旧贷的，应承担担保责任。

问3：如果当初乙从丁处借款时也是张三提供保证，则张三可否以"乙借款目的不正常"为由，拒绝承担担保责任？

答案：不可以。新贷与旧贷是同一担保人提供担保的，担保人应承担担保责任。

问4：如果丁借款给乙时有李四的房屋A作抵押，且办理了抵押登记手续，现甲借钱给乙，乙用该笔借款向丁偿还了债务，那么：

问❶：甲能否行使李四提供的抵押权，用以担保自己对乙的债权的实现？

答案：不能。甲借钱给乙，乙用该笔借款向丁还款，并不构成第三人代为履行，故甲不享有丁的担保权。

问❷：若丁的抵押权登记尚未注销，李四同意继续为甲对乙的借款提供担保，但李四在与甲订立抵押合同之前，将房屋A抵押给了丙，并为丙办理了抵押登记手续，随后李四才与甲订立抵押合同，办理抵押登记手续。则房屋A上丙的抵押权与甲的抵押权，谁可优先受偿？

答案：甲。甲的抵押登记时间溯及李四为丁办理抵押登记时，在李四为丙办理抵押登记之前，故甲可优先于丙受偿。

## 第四讲 小综案例

> **案情**
>
> 甲建材公司（以下简称"甲公司"）是天成建筑公司（以下简称"天成公司"）的全资子公司。甲公司与乙装修公司（以下简称"乙公司"）订立地砖买卖合同，约定乙公司以 100 万元的价格购买甲公司生产的 100 箱 A 型地砖或 100 箱 B 型地砖，甲公司将价金债权设定给天成公司。合同中并未约定选择权的归属，甲公司确定以 A 型地砖作为标的后，其 A 型地砖生产线因地震毁损，A 型地砖无法履行。
>
> 经查，为了支付地砖价金，乙公司向工商银行借款 100 万元，宋大江以自己的房屋 A 向工商银行设立抵押，并办理了抵押登记。借款到期后，乙公司因无力向工商银行偿还借款，遂从马小芸处借款 100 万元，用以偿还工商银行。其后，宋大江在工商银行的抵押权登记尚未注销的情况下，又将房屋 A 抵押给郭达，并办理了抵押登记。
>
> 乙公司聘请张律师担任法律顾问，期限为 1 年。乙公司将为张律师装修房屋的工程款作为其担任法律顾问的报酬，双方以此订立了装修合同。
>
> 乙公司与熊大、熊二订立装修合同，约定由乙公司装修熊大、熊二共有的房屋，熊大、熊二连带支付装修费 50 万元，但熊大、熊二彼此并未约定内部的份额比例。为担保装修款债务的履行，秦光明以自己的房屋 B 向乙公司设立抵押，并办理了抵押登记。装修完工并验收合格后，熊二向乙公司支付了装修款 30 万元。

> **问题**

1. 在甲、乙公司之间的地砖买卖合同中，谁有权选择买卖标的？为什么？
2. 甲公司确定履行 A 型地砖后，其 A 型地砖生产线毁损，甲、乙公司的地砖买卖合同是否构成履行不能？为什么？
3. 如果乙公司未如约向天成公司支付价款，谁有权追究乙公司的违约责任？为什么？
4. 如果乙公司到期不支付价款，且经催告仍不履行，谁有权解除地砖买卖合同？为什么？
5. 如果在甲、乙公司订立合同过程中，甲公司对乙公司实施了欺诈，乙公司向天成公司支付价款后发现了欺诈之事，遂诉请法院撤销了地砖买卖合同，则乙公司有权请求谁返还价金？为什么？
6. 在乙公司从马小芸处借款向工商银行偿还后，马小芸能否对宋大江的房屋 A 行使抵押权，用以实现自己对乙公司的借款债权？为什么？
7. 如果宋大江同意继续为马小芸对乙公司的借款债权提供担保，在为郭达办理抵押登记后，又为马小芸办理了变更登记手续：
   (1) 宋大江能否以自己所担保的乙公司对马小芸的债务具有偿还旧贷之用途为由，拒绝承担担保责任？

（2）在宋大江的房屋 A 上，郭达与马小芸的抵押权受偿顺位如何？为什么？

8. 乙公司与张律师之间的装修合同是否为承揽合同？为什么？该合同的法律适用规则是什么？

9. 熊二向乙公司支付了 30 万元的装修款后，可享有哪些民事权利？为什么？

**答案**

1. 甲公司。选择之债未约定选择权归属的，由债务人行使选择权。

2. 不构成。甲公司的 A 型地砖不能履行并非乙公司所致，故甲公司不能再选择履行 A 型地砖，而需选择履行 B 型地砖，地砖买卖合同并不构成履行不能。

3. 天成公司。甲、乙公司的地砖买卖合同中，甲公司将债权设定给了天成公司，故该合同为利他合同。据此，天成公司有权追究乙公司的违约责任。

4. 甲公司。利他合同中的解除权，归属于债权人。

5. 甲公司。利他合同被撤销或者被解除的，债务人有权请求债权人返还财产。

6. 不能。在以新贷偿还旧贷中，新贷债权人不得享有旧贷债权人的担保权。

7. （1）不能。在"借新还旧"关系中，新贷、旧贷系同一人提供担保的，担保人不得以债务人"借新还旧"为由，拒绝对新贷承担担保责任。

（2）马小芸的抵押权优先于郭达的抵押权受偿。马小芸的抵押权是在工商银行的抵押权登记的基础上办理的变更登记，其抵押登记的时间为工商银行的抵押登记时间，在宋大江为郭达办理抵押登记之前，故可优先于郭达的抵押权受偿。

8. 不是承揽合同。承揽合同中，定作人将价金作为承揽人工作成果的对价，而本案中，张律师付出的是劳务，因此，该装修合同属于无名合同。无名合同，适用《民法典》合同编第一分编"通则"中关于合同的一般性规定，并可以参照适用与之最相类似的有名合同的规定。

9. 熊二对熊大享有 5 万元装修款的追偿权，并对秦光明向乙公司提供的房屋享有抵押权，但熊二对秦光明的抵押权不得优先于乙公司对秦光明的抵押权受偿。各连带债务人的内部份额难以确定的，视为份额相同。连带债务人超额履行债务的，可就其超额履行部分享有债权人的权利，但不得损害债权人的利益。

# 第5讲 LECTURE 05

# 合同的变动

## 18 合同主体变动：债权转让、债务转让与债务加入

### 一、债权转让

债权转让，是指债权人与受让人订立债权转让合同，约定债权人将其对债务人的债权转让给受让人，并通知债务人的债的移转形式。

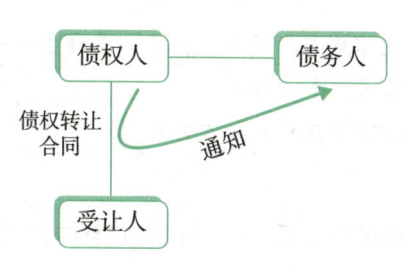

#### （一）债权转让的要件

1. 债权人与受让人订立债权转让合同。债权转让合同一经生效，债权人对债务人的债权即转移至受让人。
2. 通知债务人

（1）通知债务人，是债权转让合同对债务人生效的条件，即通知到达债务人时，债务人即应当向受让人（新的债权人）履行债务；通知到达债务人后，债务人仍向债权人履行的，履行对象不正确，债务不能消灭。

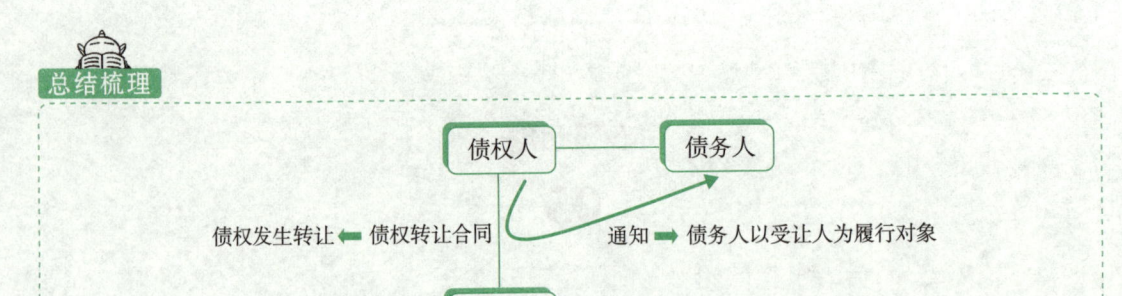

> **总结梳理**
>
> 债权人 → 债务人
> 债权发生转让 ← 债权转让合同 　　通知 ➡ 债务人以受让人为履行对象
> 受让人

（2）诉讼、仲裁中的"起诉状副本、仲裁申请书副本送达债务人"，也构成"通知债务人"。

（3）因未及时通知，给债务人造成的损失，债务人有权请求从债权数额中扣除。

**迷你案例**

案情：甲对乙有债权100万元。甲与丙订立债权转让合同，约定甲将对乙的100万元债权转让给丙。合同订立后，未通知乙。现乙的债务到期。

问1：如果乙向甲偿还了100万元，丙能否再请求乙偿还？

答案：不能。乙未接到通知，其向甲履行，对象正确，乙的债务已经消灭。

问2：如果丙直接起诉乙，请求乙偿还100万元的债务，起诉状副本已经送达乙，则乙能否以"未接到通知"为由拒绝？

答案：不能。起诉状副本送达乙时，即为债权转让的通知到达乙。

问3：如果乙收到起诉状副本后，向甲偿还了100万元，丙能否再请求乙偿还？

答案：能。起诉状副本送达即通知到达，乙接到通知后仍向甲履行，对象不正确，债务不消灭。

问4：因甲、丙债权转让之事未及时通知乙，乙一直准备向甲履行，现乙需紧急改变履行对象，遭受损失5万元，怎么办？

答案：从乙应向丙支付的100万元中扣除5万元。

**3. 通知的撤销**

（1）债权转让的通知到达债务人后，经受让人同意的，可以撤销通知；

（2）债权人未撤销通知，仅以债权转让合同不成立、无效为由，请求债务人向自己履行，债务人仍向受让人履行的，履行对象亦正确，债务归于消灭。

**迷你案例**

案情：甲对乙有债权100万元。甲与丙订立债权转让合同，约定甲将对乙的100万元债权转让给丙，并通知了乙。现乙的债务到期。

问1：乙应向谁履行债务？

答案：丙。因债权转让已经通知了乙。

问 2：如果甲对乙说，自己与丙的债权转让合同无效，并出具了证据，请求乙向自己履行，乙仍向丙履行了债务，则乙的债务能否消灭？

答案：能。因债权转让已经通知了乙，乙向丙履行，对象正确，债务消灭。

问 3：如果甲向乙撤销了通知，且丙表示同意，则乙应向谁履行？

答案：甲。因为债权转让通知已经被撤销。

### （二）虚构的债权转让

1. 虚构的债权转让，受让人知道或应当知道该债权不存在的，债务人不负责。
2. 债务人向受让人确认债权存在后，不得以该债权实际上不存在或已消灭为由，拒绝向受让人履行债务。

[法条链接]《民法典》第 546 条；《合同编通则解释》第 48、49 条。

### （三）当事人约定不得转让的债权

当事人约定债权不得转让的，应当从其约定。债权人违反约定，将债权转让给受让人的后果是：

1. 当事人约定非金钱债权不得转让的，不得对抗善意第三人。
2. 当事人约定金钱债权不得转让的，不得对抗第三人。

**迷你案例**

案情：甲、乙订立买卖合同，约定甲将一台电脑出卖给乙，乙支付价金 1 万元，且双方的债权均不得转让。

问 1：甲、乙间"债权不得转让"之约定是否有效？

答案：是。该约定具有内部效力，任何一方违反约定，将债权转让给他人的，均需向对方承担违约责任。

问 2：如果合同订立后，乙将请求甲交付电脑的债权转让给丙，丙请求甲交付电脑，则甲能否以"债权不得转让"之约定为由拒绝履行？

答案：如果丙不知道且不应当知道甲、乙间"债权不得转让"的约定，则有权请求甲交付电脑；反之，则反是。

问 3：如果合同订立后，甲将请求乙支付价金的债权转让给丙，丙请求乙支付价金，则乙能否以"债权不得转让"之约定为由拒绝履行？

答案：不能。无论丙是否知道甲、乙间"债权不得转让"的约定，均有权请求乙支付价金。

[法条链接]《民法典》第 545 条。

## 二、债务转让

1. 概念

债务转让，是指债务人与受让人订立债务承担合同，约定债务人将其对债权人的债务转让给受让人，且在债务承担的范围内，债务人的债务归于消灭的债务承担形式。

```
债权人 ← 债务人
  ↑征得同意  ↓债务承担合同
        受让人
```

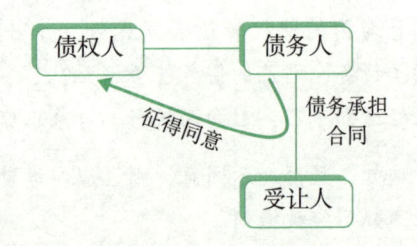

2. 要件

（1）债务人与受让人订立债务承担合同。该合同一经成立，效力待定。其最终效力如何，取决于债权人追认还是拒绝。

（2）征得债权人同意。债权人对债务承担合同表示同意的，合同自始有效，从债务承担合同成立时，受让人就承担了债务；债权人表示反对的，合同自始无效，债务从未发生转让。债务人或者受让人可以催告债权人在合理期限内予以追认。催告后，债权人未作表示的，视为拒绝。

**一针见血** 债权人对债务承担合同的追认与拒绝：

债权人无论是追认还是拒绝，其后果均是债务承担合同"自始"有效或无效，即受让人"自始"是否为新的债务人，而非追认、拒绝时是否为新的债务人。

**迷你案例**

案情：乙对甲负有债务。现乙、丙订立免责的债务承担协议，约定乙将对甲的债务转让给丙。

问题：此时，谁是甲的债务人？

答案：如果甲同意该协议，自乙、丙订立的免责的债务承担协议生效时，丙就是甲的债务人；否则，乙一直是甲的债务人。

[法条链接]《民法典》第551条。

### 三、债务加入

债务加入，是指在受让人承担债务的同时，债务人的债务并不因此消灭的债务承担形式。

#### （一）债务加入的方式

1. 受让人与债务人约定加入债务，并通知债权人。
2. 受让人未与债务人约定加入债务，而是直接向债权人表示愿意加入债务。

#### （二）债务加入的生效时间

无论采取何种并存的债务承担方式，并存债务承担的通知到达债权人时，该债务承担生效。但是，债权人在合理期限内拒绝受让人加入债务的除外。

#### （三）债务加入的法律后果

1. 受让人在其愿意承担的债务范围内，对债权人承担连带债务清偿责任。
2. 加入债务的受让人与债务人约定了追偿权的，在其履行债务后，有权向债务人追偿。

3. 加入债务的受让人向债务人追偿的，债务人可对该受让人主张其对债权人的抗辩权。

[法条链接]《民法典》第 552 条；《合同编通则解释》第 51 条。

## 19 债权转让、债务转让中的抗辩权延续与抵销权延续

### 一、抗辩权延续

1. 前提：债务人对债权人享有抗辩权。

2. 债权转让中的抗辩权延续

（1）债务人对债权人享有抗辩权，债权人将债权转让给受让人并通知债务人的，债务人可继续对受让人主张抗辩权；

（2）债权转让通知债务人后，债务人对受让人主张其对原债权人的抗辩权的，法院可以将原债权人列为诉讼中的第三人。

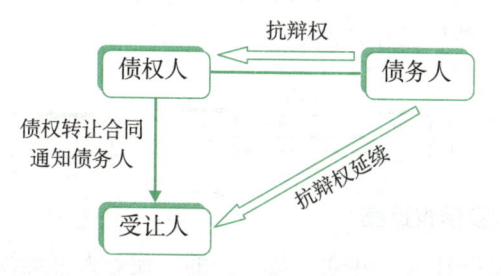

3. 债务转让中的抗辩权延续

（1）债务人对债权人享有抗辩权，债务人将债务转让给受让人且经债权人同意的，受让人可继续对债权人主张抗辩权；

（2）债权人同意债务转让后，受让人对债权人主张原债务人对债权人的抗辩权的，法院可以将原债务人列为诉讼中的第三人。

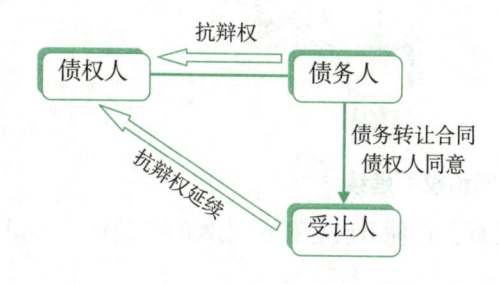

### 迷你案例

1. **案情**：出卖人甲与买受人乙订立买卖合同后，甲已交付货物，但因货物质量不符合约定，无法使用，乙据此拒绝支付货款。随后，甲将其付款请求权转让给丙，并通知了乙。

   **问题**：现丙请求乙支付价款，乙可否以"甲交付的货物质量不符合约定"为由，拒绝对丙履行债务？

   **答案**：可以。甲交付的货物质量不符合约定，乙可基于先履行抗辩权拒绝付款。进而，甲将债权转让给丙，并通知乙后，乙对甲的先履行抗辩权可以继续对丙主张。

2. **案情**：乙对甲负有债务，且届满诉讼时效。现经甲同意，乙将该债务转让给丙。

   **问题**：此时，丙能否继续行使抗辩权？

   **答案**：能。债务人享有抗辩权且债务转让的，受让人可继续主张债务人的抗辩权，故丙依然可依诉讼时效抗辩权拒绝向甲履行债务。

[法条链接]《民法典》第548、553条；《合同编通则解释》第47条第1、2款。

## 二、抵销权延续

### （一）前提

债务人对债权人享有抵销权。其要件是：

1. 债务人在另一法律关系中对债权人享有债权。
2. 债务人对债权人的债权已经到期。

### （二）债权转让中的抵销权延续

债权人将债权转让给受让人，并通知债务人的，债务人可继续对受让人主张抵销权。

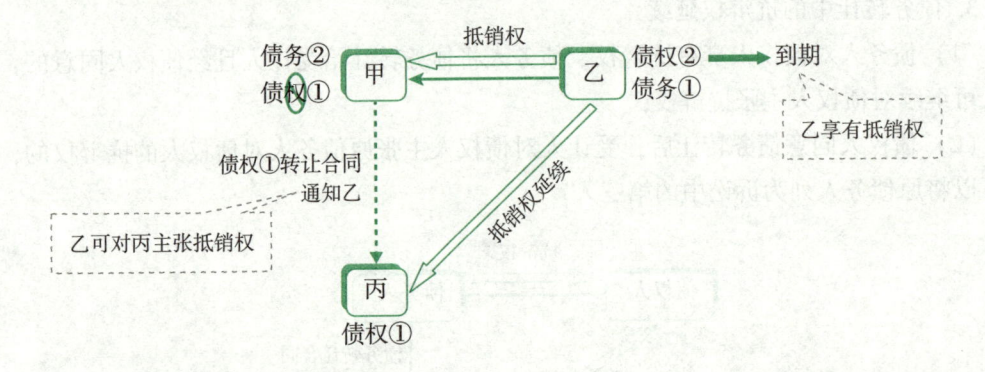

### （三）债务转让中的抵销权不延续

债务人征得债权人同意，将债务转让给受让人的，受让人不得对债权人主张抵销权。

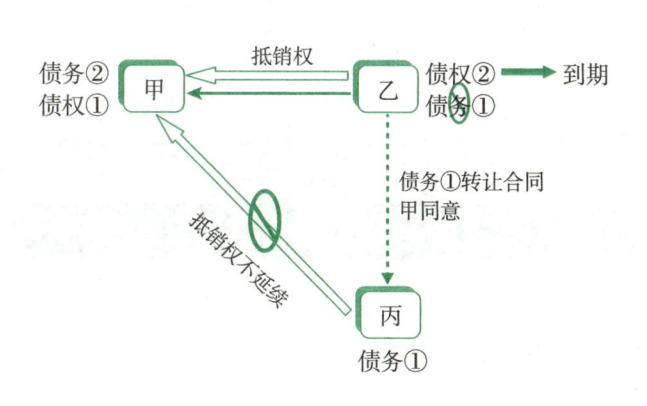

```
债务②                      债权②
债权①  甲 ←——抵销权—— 乙        → 到期
              ↖         债务①
                ↖
                  ↖     ┊ 债务①转让合同
         抵销权不延续  ↖  ┊ 甲同意
                      ↖ ┊
                       丙
                      债务①
```

### 迷你案例

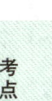

1. 案情：甲因A合同对乙有20万元债权，乙因B合同对甲有20万元债权。现甲将其在A合同中的债权转让给丙。

   问1：如果乙在B合同中的债权到期，但未收到转让通知，乙能否行使抵销权？

   答案：能。①乙的债权到期，可以主张抵销权；②乙未收到债权转让的通知，故可以对甲主张抵销权。

   问2：如果乙在B合同中的债权到期，且收到了转让通知，乙能否行使抵销权？

   答案：能。①乙的债权到期，可以主张抵销权；②乙收到债权转让的通知，故可以对丙主张抵销权。

   问3：如果乙在B合同中的债权尚未到期，但收到了转让通知，乙能否行使抵销权？

   答案：不能。乙的债权未到期，不享有抵销权。

2. 案情：甲因A合同对乙有20万元债权，乙因B合同对甲有20万元债权。乙经甲同意，将其在A合同中的债务转让给丙。现乙在B合同中的债权到期。

   问题：丙能否对甲主张抵销权？

   答案：不能。债务人享有抵销权且债务转让的，受让人不得对债权人主张债务人的抵销权。

   [法条链接]《民法典》第549、553条。

### 总结梳理

|  | 债务人有抗辩权 | 债务人有抵销权 |
| --- | --- | --- |
| 债权转让 | 抗辩权延续 | 抵销权延续 |
| 债务转让 | 抗辩权延续 | 抵销权不延续 |

# 20 主债权、主债务转让对担保责任的影响

## 一、主债权转让对担保责任的影响

### （一）一般规则

1. 原则上，在主债关系中，债权人将债权转让给受让人的，基于担保权的从属性，原债权人所享有的担保权应一并转让给受让人。因此，债务人未向债权受让人履行债务的，受让人有权请求担保人承担担保责任。

2. 例外情况有二：

（1）债权转让未通知第三担保人的，第三担保人不向受让人承担担保责任，而只向原债权人承担担保责任；

（2）担保人与债权人约定禁止债权转让，债权人未经担保人书面同意转让债权的，担保人对受让人不再承担保证责任。

**一针见血** 债权不得转让之约定的对抗效力：

- 债权人、债务人约定金钱债权不得转让的，该约定不得对抗第三人。
- 债权人、债务人约定非金钱债权不得转让的，该约定不得对抗善意第三人。
- 债权人、担保人约定债权不得转让的，该约定可以对抗第三人。

[法条链接]《民法典》第 696 条；《担保制度解释》第 20 条。

**迷你案例**

案情：甲公司、乙公司及马小芸订立三方书面协议，约定乙公司向甲公司借款 100 万元，马小芸以房屋 A 向甲公司设立抵押，甲公司对乙公司的借款债权不得对外转让。三方协议订立后，甲公司向乙公司交付了借款。1 周后，甲公司将其借款债权转让给了丙公司，乙公司和马小芸收到通知后，均表示反对。

问 1：借款到期后，乙公司能否拒绝向丙公司偿还借款？为什么？

答案：不能。债权人、债务人约定金钱债权不得对外转让的，该约定不得对抗第三人。

问 2：借款到期后，马小芸能否拒绝向丙公司承担担保责任？为什么？

答案：能。债权人、担保人约定债权不得对外转让的，担保人可以拒绝对受让人承担担保责任。

### （二）最高额担保的部分主债权转让

债权人将最高额担保框架范围内的部分债权对外转让，该债权是否继续受到担保，当

事人有明确约定的，从其约定。当事人未作约定的：

1. 最高额担保的债权确定前，部分债权转让的，转让的债权不受担保。
2. 最高额担保的债权确定后，部分债权转让的，转让的债权受到担保。

**一针见血** 最高额担保的部分债权转让：

根据转让行为的时间在 B 点之前还是之后，确定该债权转让后是否继续受到担保。

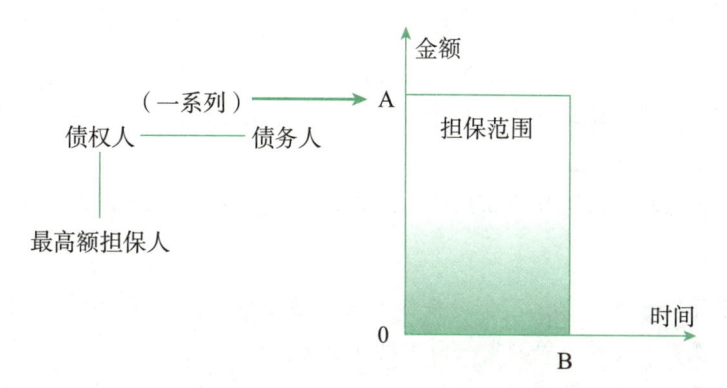

[法条链接]《民法典》第 421 条、第 439 条第 2 款、第 690 条第 2 款。

**迷你案例**

案情：2015 年 2 月 15 日，丙公司以房屋 A 向甲银行设立抵押，担保未来 1 年内甲银行对乙公司的所有贷款，最高金额不超过 100 万元。及至 2015 年 8 月 15 日，甲银行对乙公司放贷 A、B、C 三笔，共计 5 万元。

问 1：如果甲银行此时将 C 债权转让给丁公司，并通知了乙公司，C 债权到期后，乙公司未向丁公司履行债务，则丁公司能否主张就房屋 A 的价值受偿？

答案：不能。因为甲银行向丁公司转让债权的时间是债权确定之前。

问 2：如果甲银行于 2016 年 3 月 10 日将 C 债权转让给丁公司，并通知了乙公司，C 债权到期后，乙公司未向丁公司履行债务，则丁公司能否主张就房屋 A 的价值受偿？

答案：能。因为甲银行向丁公司转让债权的时间是债权确定之后。

## 二、主债务转让对担保责任的影响

1. 原则上，主债务转让，未经第三担保人的书面同意的，担保责任消灭。
2. 主债务转让，债务人提供担保的，需继续承担担保责任。

[法条链接]《民法典》第 697 条第 1 款；《担保制度解释》第 20 条。

**迷你案例**

案情：乙公司向甲银行贷款 100 万元。为担保甲银行的债权，乙公司以房屋 A 向甲银行设立抵押，并办理了抵押登记；丙公司以机器设备 B 向甲银行设立质押，并交付了质物；丁公司与甲银行订立保证合同，约定承担连带责任保证。

问1：如果甲银行将价金债权转让给资产管理公司，并通知了乙、丙公司，但未通知丁公司，现乙公司到期未向资产管理公司偿还债务：

问❶：资产管理公司对乙、丙公司主张抵押权、质权。乙、丙公司认为，其并未与资产管理公司订立担保合同，资产管理公司既非抵押登记的抵押权人，也未受领质物的交付，故资产管理公司不得对房屋A、机器设备B行使抵押权、质权。乙、丙公司的主张能否成立？

答案：不能。债权转让通知第三担保人的，担保人应向受让人承担担保责任。

问❷：资产管理公司对丁公司主张保证权。丁公司认为，甲银行将价金债权转让给资产管理公司，并未通知自己，而自己已经向甲银行承担了保证责任，故资产管理公司无权对自己主张保证权。丁公司的主张能否成立？

答案：能。债权转让未通知第三担保人，第三担保人向债权人承担担保责任后，担保责任消灭。

问2：如果经甲银行同意，乙公司将价金债务转让给资产管理公司，但未告知丙、丁公司，现资产管理公司到期未向甲银行偿还债务：

问❶：甲银行请求丙、丁公司承担担保责任，丙、丁公司以乙公司将债务转让给资产管理公司未经其同意为由拒绝。丙、丁公司的主张能否成立？

答案：能。债务转让未经第三担保人书面同意的，第三担保人的担保责任消灭。

问❷：甲银行能否对乙公司提供的房屋A主张抵押权？

答案：能。债务人提供担保且债务转让的，债务人应继续承担担保责任。

# 21

## 债务人怠于行使债权：债权人的代位权

债权人的代位权，是指债务人怠于向次债务人主张债权，有损于债权人的债权时，债权人直接对次债务人主张债务人的债权的权利。

```
债权人 ——— 债务人 ——怠于—→ 次债务人
   └─────代 位─────────────↗
```

### 一、代位权的成立条件

1. 两个债权均到期

（1）债权人对债务人的债权应当到期，否则，债权人主张代位权没有必要；债务人对次债务人的债权也应当到期，否则，债权人主张代位权没有可能。

（2）两个特殊问题

❶债务人的相关权利诉讼时效期间即将届满的，债权人可以代位向债务人的相对人（次债务人）请求其向债务人履行；

❷次债务人破产，债务人未及时申报破产债权的，债权人可以代债务人向破产管理人申报破产债权。

2. 债务人怠于行使自己对次债务人的到期债权

（1）债务人未以"诉讼"或者"仲裁"方式向次债务人主张债权，即构成"怠于"；至于债务人是否以其他方式主张债权，则在所不问。

（2）在债权人提起代位权之诉后、首次开庭前，债务人对次债务人申请仲裁的，代位权之诉可以中止审理。

3. 债务人怠于行使对次债务人的到期债权，有损于债权人债权的实现。

## 二、代位权的行使规则

1. 代位权的行使，以诉讼方式为之。

（1）代位权之诉的诉讼当事人

❶原告：债权人。债权人提起代位权之诉，要求以自己的名义。

❷被告：次债务人。

❸无独立请求权第三人：债务人。原告未列出的，法院应当依职权追加。

（2）代位权之诉的管辖法院为次债务人住所地法院，但是依法应当适用专属管辖规定的除外。

2. 债权人主张代位的范围

债权人行使代位权，应以"债权人的债权为限"，即在债权人的"债权额"与债务人的"债权额"之间。行使代位权的数额，"就低不就高"。

## 三、代位权之诉中的合并审理与中止审理

1. 多个债权人均提起代位权之诉

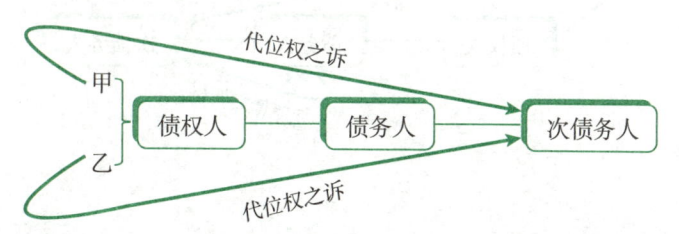

（1）债务人的多个债权人对同一次债务人提起代位权之诉的，法院可以合并审理；

（2）次债务人按照各债权人的债权比例向各债权人履行债务。

2. 债权人提起原债之诉与代位权之诉

债权人先对债务人提起原债之诉，后在受理该原债之诉的法院对次债务人提起代位权之诉的：

```
    ①原债之诉
债权人 → 债务人    次债务人
         ②代位权之诉
```

（1）受理原债之诉的法院对代位权之诉也有管辖权的，两诉可以合并审理。
（2）受理原债之诉的法院对代位权之诉没有管辖权的：
❶告知债权人向有管辖权的法院另行提起代位权之诉；
❷原债之诉终结前，该代位权之诉中止审理。

3. 债权人提起代位权之诉、债务人提起原债之诉

债权人对次债务人提起代位权之诉后，债务人在受理该代位权之诉的法院向次债务人提起原债之诉的：

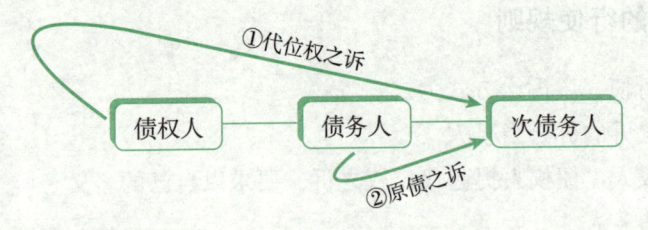

```
       ①代位权之诉
债权人 — 债务人 → 次债务人
         ②原债之诉
```

（1）受理代位权之诉的法院对该原债之诉也有管辖权的，两诉可以合并审理。
（2）受理代位权之诉的法院对该原债之诉没有管辖权的：
❶告知债务人向有管辖权的法院另行提起原债之诉；
❷代位权之诉终结前，该原债之诉中止审理。

4. 债权人提起代位权之诉、债务人或次债务人提起原债之仲裁

债权人提起代位权之诉后，债务人或者次债务人在首次开庭前就债务人与次债务人之间的债权债务关系申请仲裁的，法院可以依法中止代位权之诉。

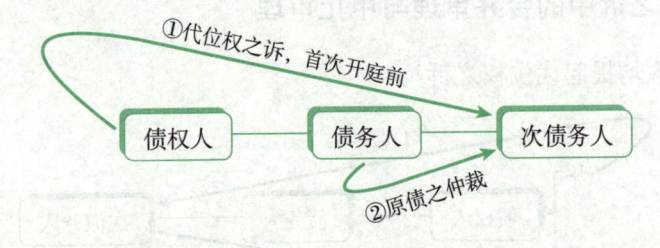

```
       ①代位权之诉，首次开庭前
债权人 — 债务人 → 次债务人
         ②原债之仲裁
```

**总结梳理**

| 2个或2个以上债权人均提起代位权之诉 | | 可以合并审理 |
|---|---|---|
| 当事人向同一法院提起原债之诉与代位权之诉 | 有权管辖 | 可以合并审理 |
| | 无权管辖 | 中止后提起的诉讼 |
| 代位权之诉提起后、首次开庭前，原债之仲裁被提起 | | 中止代位权之诉 |

## 四、行使代位权的法律后果

### （一）对次债务人履行的受领

1. 代位权之诉中，债权人胜诉的，次债务人直接向债权人履行清偿义务。
2. 在次债务人向债权人清偿的范围内，债权人与债务人、债务人与次债务人之间相应的债权债务关系即告消灭。

### （二）行使代位权费用的承担

1. 诉讼费由次债务人承担，并可向债务人追偿。
2. 除此之外的其他必要费用由债务人承担。

### （三）代位权之诉中的抗辩权延续

1. 债务人对债权人有抗辩事由的，次债务人可以向债权人主张。
2. 次债务人对债务人有抗辩事由的，次债务人可以向债权人主张。

[法条链接]《民法典》第535~537条；《合同编通则解释》第35条第1款、第36~39条。

## 22 债务人不当处分财产：债权人的撤销权

债权人的撤销权，是指债务人向第三人不当处分财产，导致其责任财产减少，有损于债权人债权时，债权人撤销债务人与第三人的不当处分行为的权利。

### 一、撤销权的成立条件

1. 债务人向第三人实施不当处分行为。

不当处分行为，是指导致债务人责任财产减少的行为。导致债务人责任财产未增加的行为不属于不当处分行为，债权人不得撤销。

**迷你案例**

案情：甲对乙有到期债权，乙拒绝丙所作出的将房屋赠与自己的要约。

问题：甲能否诉请法院撤销乙的拒绝受赠行为？

答案：不能。乙拒绝接受赠与的行为仅导致乙的责任财产未增加，而未导致其责任财产减少，故该行为不属于不当处分行为。

不当处分行为包括：

（1）无偿处分行为

❶无偿转让财产；

❷放弃债权担保；

❸放弃债权；

❹恶意延长到期债权的履行期限；

❺其他无偿处分行为。

其中，在"放弃债权""恶意延长到期债权的履行期限"两种情况下：

❶行为发生在代位权之诉提起之前的，债权人应当"先撤销，后代位"；

❷行为发生在代位权之诉提起之后的，次债务人不得以此为由对债权人提出抗辩，即债权人不需要"先撤销，后代位"。

### 迷你案例

案情：甲对乙有货款债权，乙对丙有借款债权。现乙放弃了对丙的借款债权。

问1：甲能否对丙主张代位权？

答案：不可以。乙已经放弃了对丙的借款债权，故丙不是次债务人。

问2：甲应如何维护自己的合法权益？

答案：甲可以先撤销乙对丙的放弃债权行为，再对丙主张代位权。

问3：如果在甲对丙提起代位权之诉后，乙放弃了对丙的借款债权，甲是否需要先行行使撤销权？

答案：否。甲提起代位权之诉时，符合代位权之诉的要件。

（2）不等价处分行为

❶以明显不合理的低价转让财产，即转让价格未达到正常价格的70%；

❷以明显不合理的高价受让财产，即受让价格超过正常价格30%；

❸债务人与第三人存在亲属关系、关联关系的，财产处分行为构成不等价处分。

（3）为他人债务提供担保的行为

为他人债务提供担保的行为，是指债务人为担保第三人对他人的债权，向第三人提供担保的行为。

需要注意的是，在不等价处分财产、为他人债务提供担保的情况下，债权人撤销权的成立以第三人"恶意"为条件，即第三人知道或应当知道该处分行为会损及债权人的债权。

### 总结梳理

| 不当处分形态 | | 特殊规则 |
|---|---|---|
| 无偿处分 | 无偿转让 | （无） |
| | 放弃担保权 | |
| | 放弃债权 | ① 代位权之诉提起前："先撤销，后代位" |
| | 延长债期 | ② 代位权之诉提起后：无需"先撤销，后代位" |
| 不等价处分 | 显著低价转让（70%） | 第三人恶意 |
| | 显著高价受让（30%） | |
| | 近亲属、关联交易 | |
| 为他人债务提供担保 | 为他人债务提供担保 | |

2. 债务人对第三人的不当处分行为发生在债权人的债权存续期间。

**迷你案例**

案情：2016 年 5 月 1 日，甲借给乙 1 万元。现乙的债务到期未履行。经查，2016 年 2 月 1 日，乙将自己的房屋赠与丙。

问题：对于该赠与行为，甲可否撤销？

答案：不可以。乙对丙的赠与行为发生在甲对乙的债权成立之前，故与甲无关。

3. 债务人对第三人的不当处分行为有损于债权人债权的实现。

## 二、撤销权的行使规则

1. 撤销权的行使，以诉讼方式为之。

（1）撤销权之诉的诉讼当事人：①原告：债权人；②共同被告：债务人、第三人。

（2）撤销权之诉的管辖法院为债务人或第三人住所地法院，但依法应当适用专属管辖规定的除外。

2. 撤销权之诉的诉讼请求

（1）债务人对第三人的不当处分行为可分的，处分额与债权额"就低不就高"；

（2）债务人对第三人的不当处分行为不可分的，可以全部撤销。

3. 撤销权之诉的提起时间

（1）主观标准 1 年，即自债权人知道或者应当知道撤销事由之日起 1 年内行使撤销权；

（2）客观标准 5 年，即债权人自债务人的不当处分行为发生之日起 5 年内未行使撤销权的，其撤销权消灭。

4. 撤销权之诉的合并审理

（1）债务人的多个债权人均对债务人、第三人提起撤销权之诉的，法院可以合并审理。

```
       撤销权之诉
   甲─────────────→
   │债权人────→ 债务人 ──── 第三人
   乙─────────────→
       撤销权之诉
```

（2）债权人先对债务人、第三人提起撤销权之诉，后又在受理撤销权之诉的法院对债务人提起原债之诉的：

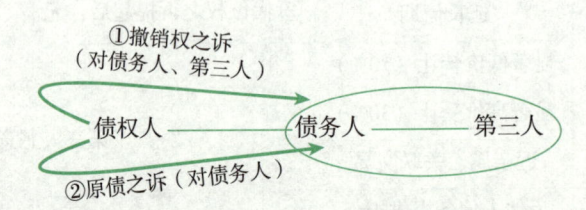

```
       ①撤销权之诉
       （对债务人、第三人）
   债权人 ─────────→ 债务人 ──── 第三人
       ②原债之诉（对债务人）
```

❶受理撤销权之诉的法院对该原债之诉有管辖权的，两诉可以合并审理；
❷受理撤销权之诉的法院对该原债之诉没有管辖权的，告知债权人向有管辖权的法院起诉。

## 三、撤销权行使的法律后果

1. 一经撤销，债务人对第三人的不当处分行为自始无效。这意味着：
（1）如果处分的标的物尚未交付，则债务人不得向第三人交付。
（2）如果处分的标的物已经交付，则第三人应予返还。在第三人向债务人返还标的物，充实债务人的责任财产后，债权人再依据其债权请求债务人履行债务。

**迷你案例**

案情：甲对乙有债权10万元，乙向丙赠与现金10万元并交付。现甲对此赠与行为诉请撤销，且胜诉。
问题：丙所受赠的10万元现金，如何返还？
答案：丙应向乙返还10万元现金，甲再请求乙向自己履行10万元的债务。

**一针见血** 代位权之诉、撤销权之诉债权人胜诉后的履行：
⊙ 代位权之诉，债权人胜诉后，次债务人向债权人履行。
⊙ 撤销权之诉，债权人胜诉后，第三人需要返还不当处分财产的，向债务人返还。

2. 债权人行使撤销权的费用承担
债权人行使撤销权所支付的合理的律师代理费、差旅费等必要费用，由债务人负担。
[法条链接]《民法典》第538~542条；《合同编通则解释》第42条第2、3款，第44、45条，第46条第2款。

# 23 买卖标的物发生风险

## 一、对买卖标的物风险的理解

买卖关系中的风险，是指因不可归责于买卖双方当事人的事由，导致买卖标的物毁损、灭失的事实。

1. 出卖人承担风险，意味着出卖人承担标的物毁损、灭失的损失，即买受人无需支付价金。

2. 买受人承担风险，意味着买受人承担标的物毁损、灭失的损失，即买受人仍需支付价金。

## 二、买卖标的物的风险承担规则之一：直接易手

### （一）直接易手的一般原理

直接易手，是指买卖合同当事人双方不经过第三承运人运输，而直接完成标的物的交付。

1. 当事人有约定的，从其约定。
2. 当事人无约定的，原则上，具备如下两个要件时，发生风险转移：
（1）买卖合同关系成立；
（2）标的物直接占有转移，即交货。
3. 在当事人买卖合同生效后，因买受人受领迟延，导致出卖人未能按时交货的，风险转移至买受人。

**迷你案例**

案情：甲、乙订立买卖合同。甲如约送货到乙处后，因联系不上乙而无法交货。甲运货返回途中，遇泥石流而导致货物毁损。

问题：此时，乙是否应支付价款？

答案：应当。乙构成受领迟延，风险转移。随后货物毁损的，乙应当承担风险。

**总结梳理**

| 要 件 | | 后 果 |
|---|---|---|
| 买卖合同成立 | 交付货物 | ○风险转移 |
| | 受领迟延 | ○以后买卖物毁损、灭失的，买受人仍应支付价款 |

### (二) 直接易手规则的扩展

出卖人向买受人委托的第三人（如承运人、受托人）交付货物的，适用上述直接易手的风险转移规则，即出卖人向第三人交付货物的，风险转移；第三人受领迟延的，风险转移。

[法条链接]《民法典》第604、605、608条。

## 三、买卖标的物的风险承担规则之二：间接易手

### (一) "代办托运"：出卖人将货物交予承运人时风险的承担

1. 买卖合同的当事人双方明确约定承运人的交付地点的，出卖人将货物交付给承运人时，风险不发生转移。待承运人将标的物运抵该地点，交付给买受人时，风险由出卖人转移给买受人。

> **迷你案例**
>
> 案情：甲公司、乙公司订立买卖合同，约定出卖人甲公司应将货物交由他人承运，并指示其运至"乙公司的营业地"。合同订立后，甲公司遂将货物交给丙运输公司。
>
> 问1：货物的所有权是否转移？
>
> 答案：是。出卖人代办托运，货交承运人后，所有权转移。
>
> 问2：货物的风险是否转移？
>
> 答案：否。买卖合同明确约定交付地点的，出卖人代办托运，货交承运人后，风险不转移。承运人在交付地点交货时，风险才转移。

2. 买卖合同的当事人双方未明确约定承运人的交付地点的，出卖人将货物交付给承运人时，风险由出卖人转移给买受人。在实践中，买卖合同的当事人双方不明确约定承运人的交付地点的原因在于买受人打算将承运人承运的在途货物出卖予第三人。

> **迷你案例**
>
> 案情：甲公司、乙公司订立买卖合同，约定出卖人甲公司应将货物交由他人承运，并指示其运至"广东方向"。合同订立后，甲公司遂将货物交给丙运输公司。
>
> 问1：货物的所有权是否转移？
>
> 答案：是。出卖人代办托运，货交承运人后，所有权转移。
>
> 问2：货物的风险是否转移？
>
> 答案：是。买卖合同未明确约定交付地点的，出卖人代办托运，货交承运人后，风险转移。

> **一针见血** ▶ 代办托运中的所有权转移：
>
> 出卖人将标的物交予承运人时，无论风险是否发生转移，标的物的所有权均发生转移。

[法条链接]《民法典》第607条。

## （二）在途货物买卖的风险承担

1. 在途货物，是指由承运人正在运输的途中货物。出卖人与买受人订立的在途货物买卖合同一经生效，除当事人另有约定外，在途货物的风险即由出卖人转移给买受人。

**迷你案例**

案情：甲公司、乙公司订立买卖合同，约定出卖人甲公司应将货物A交由他人承运，并指示其运至"广东方向"。合同订立后，甲公司遂将货物A交给丙运输公司。在丙运输公司向"广东方向"运输过程中，乙公司与广东丁公司订立买卖合同，将货物A出卖给丁公司。

问题：货物的风险是否转移？

答案：是。在途货物买卖合同成立时，风险转移。

2. 在途货物买卖合同成立时，标的物已经发生风险的，买受人不承担该风险。

**一针见血**——在途货物买卖中的所有权转移：

在途货物买卖合同成立时，在途货物的所有权也发生转移。

[法条链接]《民法典》第606条。

**总结梳理**

| 间接易手 | | 风险 | 所有权 |
|---|---|---|---|
| 卖方代办托运、货交承运人 | 目的地明确 | 不转移 | 转移 |
| | 目的地不明确 | 转移 | |
| 在途货物买卖合同成立 | | 转移 | 转移 |

# 24
## 租赁物所有权转移："买卖不破租赁"

### 一、主体

占有租赁物的承租人，才能受到"买卖不破租赁"的保护。

**迷你案例**

案情：甲将房屋A出租给乙，双方订立了房屋租赁合同。甲向乙交付房屋A之前，又将房屋 A 出卖给丙，并办理了过户登记手续。随后，甲将房屋 A 交予乙占有使用。现丙请求乙返还房屋 A。

问题：乙可否主张买卖不破租赁之保护？

答案：不可以。房屋 A 的所有权转移时，乙尚未占有房屋 A，故乙不得主张买卖不破租赁之保护。

## 二、限制

1. 租赁物上抵押权的限制
❶ 租赁之前，租赁物上已经成立抵押权；
❷ 租赁之时，承租人知道或应当知道该抵押权的存在。

**总结梳理**

| 适用 | | 限制（承租人知道自己租到抵押物） |
|---|---|---|
| 所有租赁 | 租到抵押物 | 抵押权成立在先 |
| | 承租人知道 | ○ 抵押权已经登记<br>○ 抵押权未经登记，但承租人依然知道或应当知道（恶意） |

**迷你案例**

案情：甲将汽车抵押给乙，又将该汽车出租给丁。后乙实现抵押权，将该汽车出卖给丙。丙取得该汽车的所有权后，才发现该汽车由丁承租。现丙请求丁返还该汽车，丁则以买卖不破租赁为由拒绝。

问 1：经查，乙的抵押权成立于租赁之前。

问❶：若抵押权已经登记，则丁能否对丙主张买卖不破租赁？

答案：不能。登记的抵押权可以对抗第三人。

问❷：若抵押权未经登记，则丁能否对丙主张买卖不破租赁？

答案：未经登记的抵押权不得对抗善意第三人。因此，若丁占有该汽车时不知该汽车上存在乙的抵押权，则丁能对丙主张买卖不破租赁；反之，则不能。

问 2：经查，乙的抵押权成立于租赁之后，丁能否对丙主张买卖不破租赁？

答案：能。不存在买卖不破租赁的限制事由。

2. 租赁物被查封、扣押的限制

租赁之前，租赁物已被法院依法查封、扣押，因法院的执行，受让人取得租赁物所有权的，承租人不得主张买卖不破租赁。

**一针见血** 法院强制措施的私法效力：
法院对标的物的查封、扣押、保全、执行，在私法上的效力，等同于登记的抵押权。

[法条链接]《民法典》第725条；《城镇房屋租赁合同解释》第14条；《担保制度解释》第54条第2项。

## 第五讲 小综案例

**案情**

甲公司与乙公司订立买卖合同，约定甲公司将机器设备以100万元的价格出卖给乙公司，且双方的债权均不得转让。为担保甲公司债权的实现，熊大以房屋A向甲公司抵押，并办理了抵押登记。抵押合同约定，甲公司的债权不得转让。熊二以汽车B向甲公司抵押，但未办理抵押登记。买卖合同订立后，乙公司经股东会决议，与建设银行订立保证合同，担保股东沈玉菲从建设银行的贷款。建设银行知道甲、乙公司买卖之事。甲公司对乙公司的价金债权100万元到期后，甲公司将其对乙公司的价金债权转让给丙公司，并通知了乙公司和两位担保人。经查，熊二将汽车B抵押给甲公司后，又将其出租给宋大江，并已向宋大江交付。及至交货日，甲公司依照合同约定，将机器设备交付给通达货运公司（以下简称"通达公司"），并告知通达公司按照未来乙公司的指示确定目的地。在通达公司运输途中，乙公司将该机器设备出卖给曹大龙，并通知通达公司将机器设备运至曹大龙住所地。次日，该机器设备因泥石流而毁损。

**问题**

1. 甲公司能否诉请法院撤销乙公司与建设银行之间的保证合同？为什么？
2. 如果甲公司欲提起撤销权之诉，当事人如何排列？
3. 如果甲公司在乙公司所在地法院对乙公司、建设银行提起撤销权之诉后，又在该法院起诉，请求乙公司支付价款，法院应如何处理？
4. 甲公司将价金债权转让给丙公司后，乙公司能否拒绝对丙公司履行价金债务？为什么？
5. 甲公司将价金债权转让给丙公司后，熊大、熊二是否应当对丙公司承担担保责任？为什么？
6. 如果丙公司行使汽车B上的抵押权，宋大江能否主张买卖不破租赁之保护？为什么？
7. 如果甲公司向丙公司转让价金债权并未通知乙公司，丙公司直接对乙公司提起诉讼，诉状副本已经送达乙公司，乙公司以并未接到通知为由，拒绝对丙公司履行价金债务，则乙公司的主张能否成立？为什么？
8. 乙公司能否以机器设备已经毁损为由，拒绝履行价金债务？为什么？
9. 曹大龙能否以机器设备已经毁损为由，拒绝履行付款债务？为什么？

**答案**

1. 能。债务人为他人债务提供担保，相对人知道或应当知道其接受担保损害债权人债权的，债权人可行使撤销权。
2. 甲公司为原告，乙公司、建设银行为被告。
3. 如果该法院对原债之诉有管辖权，可以合并审理；否则，应当告知甲公司向有管辖权的法院另行提起原债之诉。
4. 不能。债权人、债务人约定金钱债权不得转让的，该约定不得对抗第三人。
5. 首先，熊二应当继续承担担保责任。原则上，主债权转让的，担保人应继续承担担保责任。其次，熊大不再承担担保责任。担保合同约定债权不得转让的，主债权转让后，担保人对受让人不再承担担保责任。
6. 能。尽管汽车B抵押在先、租赁在后，但因在先成立的抵押权并未登记，且无证据显示宋大江在承租汽车B时知道其已抵押，故宋大江"不知道自己租到了抵押物"，可主张买卖不破租赁之保护。
7. 不能。诉状副本送达，构成通知到达。
8. 不能。出卖人代办托运，目的地不明确的，货交承运人时风险转移。
9. 不能。在途货物买卖的，买卖合同成立后，风险转移。

> 现实是此岸，理想是彼岸，
> 中间隔着湍急的河流，
> 行动则是架在河上的桥梁。

致奋进中的你

# 第6讲 LECTURE 06

# 合同的解除

## 考点 25 一般法定解除权

一般法定解除权,是指由法律直接规定的,可以适用于一切合同的解除权。

### 一、不可抗力、情势变更、正常风险

合同订立后、履行完毕前,发生了某项重大事实,对合同的履行产生重大影响的,该事实有如下三种可能:

#### (一)不可抗力

1. 构成要件

(1) 该事实为当事人订立合同时不能预见、不能避免且不能克服;

(2) 该事实导致合同履行不能。

2. 法律后果

当事人有权解除合同。

#### (二)情势变更

1. 构成要件

(1) 该事实为当事人订立合同时不能预见;

(2) 该事实导致合同履行不公平。

## 2. 法律后果

（1）当事人有权变更或解除合同；

（2）一方主张变更合同，另一方主张解除合同的，法院酌情处置。

### 总结梳理

| | 相同点 | 不同点 |
|---|---|---|
| 不可抗力 | 订立合同时不能预见 | 导致合同履行不能 |
| 情势变更 | | 导致合同履行不公平 |

### （三）正常风险

1. 构成要件

（1）该事实为当事人订立合同时可以预见。合同涉及市场属性活跃、长期以来价格波动较大的大宗商品以及股票、期货等风险投资型金融产品的市场变化的，属于商业风险。

（2）该事实导致合同履行不公平。

2. 法律后果

对合同没有影响，当事人无权变更、解除合同。

### 总结梳理

| | 相同点 | 不同点 |
|---|---|---|
| 情势变更 | 导致合同履行不公平 | 订立合同时不能预见 |
| 正常风险 | | 订立合同时可以预见 |

### 迷你案例

案情：甲、乙订立A货物买卖合同，约定价格100元/件。合同履行时，因发生当事人始料未及的金融危机，导致A货物价格上涨为800元/件。此时，仍按照原来约定价格履行合同对于出卖人而言明显不公。

问题：出卖人是否仍需要按照合同约定价格出卖A货物？

答案：否。出卖人可基于情势变更，主张变更或解除合同。

[法条链接]《民法典》第533条、第563条第1款第1项；《合同编通则解释》第32条第1、2款。

## 二、债务人违约

### （一）期前拒绝履行

1. 期前拒绝履行，是指债务人在债务到期之前，所作出的拒绝履行债务的意思表示。

2. 期前拒绝履行的意思表示，既可以明示的方式作出，如通过书面、口头方式作出；也可以默示的方式作出，如转移财产、处分机器设备等。

3. 债务人期前拒绝履行的，债权人有权立即解除合同，并追究债务人的预期违约责任。

> **迷你案例**

案情：甲、乙订立买卖合同。现甲在债务到期前向乙表示，债务到期后将不再履行债务。

问题：乙该怎么办？

答案：乙可以等到甲的债务到期后，追究甲的现实违约责任；也可以立即解除合同，追究甲的预期违约责任。

### （二）迟延履行

迟延履行，是指债务人超越债务履行期限而未履行债务。迟延履行要成为合同的法定解除事由，构成要件是：

1. 债务人所迟延履行的债务为主要债务。
2. 经债权人催告后，债务人在合理期限内仍不履行。

> **迷你案例**

案情：甲公司与乙公司订立建设工程合同后，拖欠乙公司工程款。乙公司反复催要，甲公司仍未履行。

问1：乙公司能否解除建设工程合同？

答案：能。甲公司迟延履行主要债务，经催告后在合理期限内仍不履行，乙公司有权据此主张解除合同。

问2：如果乙公司基于先履行抗辩权中止施工，则甲公司能否解除建设工程合同？

答案：不能。乙公司中止施工是基于先履行抗辩权，不构成迟延履行，故甲公司无权主张解除合同。

### （三）根本违约

1. 根本违约，是指因债务人的违约导致债权人的缔约目的落空，即订立合同所欲获得的利益不能实现。

2. 债务人构成根本违约时，债权人无需催告即可解除合同，并追究债务人的违约责任。

**一针见血** 迟延履行与根本违约的区别：

○ 对于迟延履行，债务人迟延后再履行，债权人依然可实现合同目的。

○ 对于根本违约，债务人违约后，或无法再履行，或纵然再履行，债权人的合同目的也无法实现。

[法条链接]《民法典》第563条第1款第2~4项。

**总结梳理**

| 债务人违约 | 期间拒绝履行 | 债权人享有解除权 |
|---|---|---|
| | 迟延履行主要债务，经催告 | |
| | 根本违约 | |

### 三、无需继续履行的非金钱之债

债务人承担非金钱给付义务的，在如下情况下，债务人有权拒绝继续履行合同债务：

1. 法律上或者事实上不能履行。
2. 债务的标的不适于强制履行或者履行费用过高。
3. 债权人在合理期限内未请求履行。

在上述情况下，合同无法得以履行的，当事人有权解除合同。

[法条链接]《民法典》第580条。

## 26 特别法定解除权

### 一、租赁合同中的解除权

#### （一）不定期租赁合同中出租人、承租人的解除权

1. 不定期租赁的类型

（1）约定租期6个月以上的租赁合同，未采取书面形式，又无法确定租期的，整个合同为不定期租赁；

（2）租赁期限届满，承租人继续使用租赁物，出租人没有提出异议的，原租赁合同继续有效，但租赁期限为不定期。

2. 不定期租赁的法律后果

（1）当事人双方有权随时解除租赁合同；

（2）一方当事人解除合同的，应当在合理期限之前通知对方当事人。

**迷你案例**

案情：甲欠乙1万元。甲为了清偿债务，将房屋出租给乙，租金为2000元/月，以租金抵债。

问题：此时，甲、乙间的房屋租赁合同是否为不定期租赁合同？

答案：否。租期为5个月。

### （二）承租人未经出租人同意转租时出租人的解除权

1. 擅自转租。承租人未经出租人同意，擅自将租赁物另行出租给次承租人的：

（1）出租人有权解除其与承租人之间的租赁合同。

（2）出租人因承租人擅自转租所享有的解除权，应当自出租人知道或者应当知道承租人擅自转租事实之日起 6 个月内行使。出租人逾期未行使解除权的，视为同意转租。

（3）出租人解除其与承租人之间的租赁合同后，有权请求次承租人返还租赁物。

2. 次承租人对出租人的租赁物返还义务

（1）出租人与承租人之间的租赁合同无效、履行期限届满或者解除的，出租人有权请求次承租人返还租赁物；

（2）负有腾房义务的次承租人逾期腾房的，出租人有权请求次承租人支付逾期腾房占有使用费。

> **迷你案例**
>
> 案情：甲将房屋出租给乙，乙擅自转租给丙。
>
> 问1：甲是否有权解除与乙的房屋租赁合同？
>
> 答案：有权。甲自知道或应当知道乙擅自转租之日起 6 个月内，有权解除与乙的房屋租赁合同。
>
> 问2：甲是否有权请求丙返还房屋？
>
> 答案：有权。甲、乙之间的房屋租赁合同解除后，甲有权请求丙返还房屋。若丙逾期返还，则甲有权依据乙、丙之间的房屋租赁合同的租金标准，请求丙承担逾期腾房占有使用费。

### （三）承租人滥用、滥建时出租人的解除权

1. 滥用。承租人未按照约定的方法或者未根据租赁物的性质使用租赁物，致使租赁物受到损耗的，出租人可以解除合同并请求赔偿损失。

2. 滥建。承租人擅自变动房屋建筑主体和承重结构或者扩建，在出租人要求的合理期限内仍不予恢复原状的，出租人有权请求解除合同并要求赔偿损失。

[法条链接]《民法典》第 711 条，第 716 条第 2 款，第 718、730 条；《城镇房屋租赁合同解释》第 6、13 条。

> **总结梳理**
>
> | 不定期租赁 | 双方均有权解除，但应在合理期限之前通知对方 |
> | --- | --- |
> | 承租人擅自转租 | 出租人自知道或应当知道之日起 6 个月内有权解除 |
> | | 出租人解除合同后，可请求次承租人返还租赁物；次承租人逾期腾房的，应支付逾期腾房占有使用费 |
> | 承租人滥用、滥建 | 出租人有权解除合同并请求赔偿损失 |

## 二、承揽合同中的法定解除权

1. 承揽人的法定解除权

定作人不履行协助义务致使承揽工作不能完成，经承揽人催告，定作人在合理期限内仍不履行协助义务的，承揽人可以解除合同。

2. 定作人的法定解除权

承揽人未经定作人同意，将其承揽的主要工作交由第三人完成的，定作人可以解除合同。

[法条链接]《民法典》第772条第2款、第778条。

**总结梳理**

| 定作人不协助+催告 | 承揽人有权解除合同 |
| --- | --- |
| 承揽人擅自将主要工作交他人完成 | 定作人有权解除合同 |

## 三、建设工程合同中的法定解除权

1. 承包人将建设工程转包、违法分包的，发包人可以解除合同。

2. 发包人提供的主要建筑材料、建筑构配件和设备不符合强制性标准或者不履行协助义务，致使承包人无法施工，经催告后在合理期限内仍未履行相应义务的，承包人可以解除合同。

建设工程合同解除后，已经完成的建设工程质量合格的，发包人应当按照约定支付相应的工程价款。

[法条链接]《民法典》第806条。

**总结梳理**

| 承包人转包、违法分包 | 发包人有权解除合同 |
| --- | --- |
| 发包人违约+催告 | 承包人有权解除合同 |

## 四、任意解除权

1. 承揽合同中定作人的任意解除权

定作人在承揽人完成工作前可以随时解除承揽合同，造成承揽人损失的，应当赔偿损失。

2. 货物运输合同中托运人的任意解除权

在承运人将货物交付收货人之前，托运人可以要求承运人中止运输、返还货物、变更到达地或者将货物交给其他收货人，但应当赔偿承运人因此受到的损失。

3. 委托合同中委托人、受托人的任意解除权

委托人或者受托人可以随时解除委托合同。因解除合同造成对方损失的，除不可归责于该当事人的事由外，应当赔偿损失。在这里，损失范围的确定规则是：

（1）在无偿委托合同中，解除方应当赔偿因解除时间不当造成的直接损失。

（2）在有偿委托合同中，解除方应当赔偿对方的直接损失和合同履行后的可得利益。需要注意的是，这里的可得利益仍需以"债务人缔约时的合理预见"为前提。

### 总结梳理

| | 权利及权利人 | 解除后果 |
| --- | --- | --- |
| 承揽合同 | 定作人：解除权、变更权 | 造成对方损失的，赔偿损失 |
| 货运合同 | 托运人：解除权、变更权 | |
| 委托合同 | 委托人、受托人：解除权 | ○无偿委托：赔偿直接利益损失<br>○有偿委托：赔偿直接利益损失+可得利益损失 |

### 迷你案例

**案情**：A 地的甲公司与 B 地的乙公司协商，约定甲公司派人到乙公司办理手续后，即可获得乙公司的订单。甲公司测算，此订单完成，可以获得利润 20 万元。甲公司委托张三前往乙公司办理手续，并为张三购买赴乙公司的机票。张三与甲公司订立委托合同时，知道 20 万元可得利益之事。张三到 B 地后，向甲公司提出解除委托合同，导致甲公司丧失订单。

**问 1**：如果甲公司对张三是无偿委托，那么：

**问❶**：张三是否应当赔偿甲公司的机票损失？

**答案**：是。机票损失为甲公司的直接利益损失，纵然是无偿委托，受托人张三行使任意解除权，也需赔偿因此给甲公司造成的直接利益损失。

**问❷**：张三是否应当赔偿甲公司的 20 万元可得利益损失？

**答案**：否。20 万元为可得利益损失，无偿委托的受托人张三行使任意解除权，无需赔偿因此给甲公司造成的可得利益损失。

**问 2**：如果甲公司对张三是有偿委托，那么：

**问❶**：张三是否应当赔偿甲公司的机票损失？

**答案**：是。有偿委托的受托人张三行使任意解除权，需赔偿甲公司的直接利益损失。

**问❷**：张三是否应当赔偿甲公司的 20 万元可得利益损失？

**答案**：是。有偿委托的受托人张三行使任意解除权，还需赔偿甲公司的可得利益损失。

[法条链接]《民法典》第 787、829、933 条。

## 27 解除权的行使

解除权的性质为形成权，权利人必须行使该权利，才能够引起合同解除的法律后果。

### 一、解除权的行使方式

原则上，解除权的行使方式为单方通知。但是，如下两种解除权的行使，需以诉讼或仲裁的方式为之：①情势变更解除权；②无需继续履行的非金钱之债的解除权。

[法条链接]《民法典》第 533 条第 1 款、第 580 条第 2 款。

### 二、相对人异议

1. 异议权的含义：相对人对解除权的行使提出异议的权利。

2. 异议权的行使期限：当事人有约定的，从其约定；当事人没有约定或者约定不明的，为相对人接到解除合同的通知之日起 3 个月。

需要注意的是，解除权的异议期限的法律意义仅仅在于相对人能否提出异议，而与合同能否解除无关。换言之，不享有解除权的一方向另一方发出解除通知，另一方即便未在异议期限内提出异议，也不发生合同解除的效果。

[法条链接]《民法典》第 565 条第 1 款；《全国法院民商事审判工作会议纪要》第 46 点。

## 28 合同解除的时间和后果

### 一、合同解除的时间

1. 以通知方式解除

（1）解除权人对相对人解除合同的单方通知到达相对人时，合同解除；

（2）行使解除权的通知载明债务人在一定期限内不履行债务则合同自动解除的，合同解除的时间从其通知。

2. 以诉讼、仲裁方式解除

当事人直接以提起诉讼或者申请仲裁的方式依法主张解除合同，法院或者仲裁机构确认该主张的，合同自起诉状副本或者仲裁申请书副本送达对方时解除。

3. 起诉解除后撤诉，又二次起诉解除

（1）一方起诉主张解除合同后又撤诉的，合同不解除。

（2）一方撤诉后第二次起诉主张解除合同，法院经审理支持该主张的，合同解除的时间是：

❶第二次起诉之前，已经通知对方解除合同的，该通知到达对方时，合同解除；

❷第二次起诉之前，未通知对方解除合同的，第二次起诉的起诉状副本送达对方时，合同解除。

**总结梳理**

|  | 解除条件 | 解除时间 |
| --- | --- | --- |
| 通知解除 | 通知到达 | 通知到达时 |
| 诉请解除 | 诉请解除+判决可以解除 | 起诉状副本送达时 |

[法条链接]《民法典》第565条；《合同编通则解释》第54条。

**迷你案例**

案情：甲于2月15日向法院起诉乙，乙于2月20日收到起诉状副本。10月20日，法院确认甲享有解除权的判决生效。

问题：甲、乙之间的合同何时解除？

答案：2月20日解除。原告、申请人以诉讼或者仲裁方式行使合同解除权，其主张得到确认的，合同自起诉状副本或者仲裁申请副本送达被告、被申请人之日起解除。

## 二、合同解除的后果

1. 合同解除后到期的债务，终止履行。

2. 合同已经履行的部分，有可能恢复原状的，当事人可以主张恢复原状；不可能恢复原状的，当事人不得主张恢复原状。可见，合同的解除有无溯及力，应视该合同事实上是否存在恢复原状之可能而区别对待。

**一针见血** 合同解除与恢复原状：

合同解除前已经履行的部分，当事人能否主张恢复原状，需视客观上有无恢复原状之可能来决定。

**迷你案例**

案情：甲、乙订立租赁合同，约定租期3年。乙承租2年后，租赁合同解除。

问1：剩下1年的租赁期间，是否还需履行？

答案：否。合同解除后到期的债务，无需履行。

问2：已经租赁的2年期间，承租人乙能否主张恢复原状？

答案：不能。因事实上不可能恢复原状，故乙不得主张恢复原状。

3. 合同解除与违约责任

（1）合同解除前，债务人已经违约的，债权人请求债务人承担赔偿损失、违约金的违约责任请求权不受影响，当事人另有约定的除外；

（2）在此基础上，债权人享有担保权的，合同解除后，担保人需继续担保债权人的赔偿损失、违约金的违约责任请求权，担保合同另有约定的除外；

（3）解除权人通过诉讼主张解除合同，但未主张对方支付违约金或赔偿损失的，法院应予释明。

### 迷你案例

案情：甲、乙订立合同，丙为甲的债权提供担保。后乙违约，甲依法解除了其与乙之间的合同。

问1：甲可对乙主张哪些违约责任请求权？

答案：甲对乙的违约金、赔偿损失请求权，依然可以主张。

问2：丙是否应对甲的上述请求权继续承担担保责任？

答案：是。主合同解除后，债权人对债务人继续享有违约金、赔偿损失请求权的，主合同的担保人需继续承担担保责任。

问3：如果甲通过诉讼主张解除合同，但并未提出违约责任的诉讼请求，则法院应如何处理？

答案：法院应予释明。

[法条链接]《民法典》第566条；《买卖合同解释》第20条。

### 第六讲

# 小综案例

**案情**

甲公司与乙公司订立口头租赁合同，约定甲公司将其闲置的办公楼层出租给乙公司，租期3年。乙公司承租1年后，以双方未订立书面协议为由，主张解除租赁合同，甲公司表示拒绝。于是，乙公司将其承租的办公楼层转租给丙公司，丙公司入驻后，甲公司才得知转租之事。1周后，甲公司与丁公司订立了该办公楼层的租赁合同，约定租期3年，租金月付，并约定了迟延交租违约金。宋大江为丁公司的租金债务提供连带责任保证。因急于收回出租办公楼层，甲公司遂委托天平律师事务所为其解决收回办公楼层之事，双方约定律师费5万元。在案件办理期间，天平律师事务所无故通知甲公司解除合同，此时，甲公司已经支付费用1万元，且因天平律师事务所解除合同，甲公司丧失了本可从丁公司获得的部分租金。经查，天平律师事务所与甲公司订立合同时，知道甲、丁公司之间已经签订了租赁合同之事。

1个月后，甲公司从丙公司处收回办公楼层，并向丁公司交付。丁公司正常交租1年后开始欠付租金。甲公司遂向丁公司发送"告知函"，称若丁公司下个月再不交租金，则租赁合同解除。丁公司在下个月仍然未付租金。

## 问题

1. 乙公司是否有权解除口头租赁合同？为什么？
2. 甲公司得知丙公司入驻后，能否请求丙公司返还租赁的办公楼层？为什么？
3. 如果甲公司以乙公司擅自转租为由向法院提起诉讼，主张解除与乙公司的租赁合同，起诉状副本送达乙公司后，因乙公司同意协商解决纠纷，甲公司遂撤诉：
   (1) 甲、乙公司之间的租赁合同是否解除？为什么？
   (2) 若甲公司撤诉后，因无法与乙公司协商一致，遂再次起诉，主张解除合同，现甲公司已经胜诉，则甲、乙公司之间的租赁合同解除的时间为何时？
4. 天平律师事务所能否解除其与甲公司之间的合同？为什么？
5. 天平律师事务所主张解除合同后，甲公司可以如何保护自己的合法权益？为什么？
6. 丁公司欠付租金的次日，甲公司是否有权以此为由主张解除租赁合同？为什么？
7. 丁公司收到"告知函"后，甲、丁公司之间的合同是否解除？为什么？
8. 如果经查，丁公司拒绝交付租金的原因是该办公楼层漏雨，无法使用，则甲公司是否享有解除权？为什么？
9. 甲、丁公司之间的租赁合同解除后，甲公司是否有权请求丁公司支付合同解除前的租金及违约金？为什么？
10. 甲公司是否有权请求宋大江对丁公司欠付的租金、违约金承担保证责任？为什么？

## 答案

1. 否。6个月以上的租赁未采用书面形式，以至于无法确定租期的，才构成不定期租赁。本题中，租期可以确定，故甲、乙公司之间的租赁合同并非不定期租赁，乙公司在租期内不得无故解除。
2. 不能。承租人非法转租，出租人在知道或应当知道之日起6个月内可解除与承租人的租赁合同，然后方可请求次承租人返还租赁物。因此，本题中，甲公司在解除其与乙公司之间的租赁合同之前，不得请求丙公司返还租赁的办公楼层。
3. (1) 否。因甲公司撤诉，故纵然起诉状副本已经送达乙公司，租赁合同也并未解除。
   (2) 二次起诉的起诉状副本送达乙公司时。
4. 能。委托合同的双方当事人均享有任意解除权。

5. 甲公司可请求天平律师事务所赔偿1万元费用与部分可得租金损失。有偿委托合同中，一方行使任意解除权解除委托合同的，应赔偿对方的直接利益损失与可得利益损失。

6. 否。债务人迟延履行主要债务，经催告后在合理期间仍不履行的，债权人才有权解除合同。本题中，甲公司并未催告，故不能立即解除租赁合同。

7. 否。行使解除权的通知载明债务人在一定期限内不履行债务则合同自动解除的，合同解除的时间从其通知。

8. 否。此时，丁公司享有双务合同抗辩权，因行使抗辩权而未履行债务的，不构成违约，不符合"迟延履行主要债务"之解除权成立条件，故甲公司不享有解除权。

9. 有权。合同解除前已经违约的债务依然需要履行，且合同解除前发生的违约责任请求权不受合同解除的影响。

10. 有权。主合同解除的，担保合同依然有效。主合同解除后，债务人对债权人承担的债务，担保人需继续承担担保责任。

# 第7讲 LECTURE 07

# 合同债权的担保之一：物保

## 29 抵押权的设立

### 一、不动产抵押权的设立

1. 抵押人与债权人订立书面抵押合同。抵押合同成立时，产生债权效力。
2. 办理抵押登记手续。抵押登记手续的办理，为抵押合同的履行。抵押登记手续办理完成，抵押权设立。

[法条链接]《民法典》第402条。

> **迷你案例**
>
> 案情：甲与乙订立书面抵押合同，约定甲以房A向乙设定抵押。合同订立后，甲未如约为乙办理抵押登记手续。
>
> 问1：乙是否取得房A的抵押权？
>
> 答案：否。不动产抵押权的设立，采取"公示成立"的物权变动模式，需以办理抵押登记为要件。
>
> 问2：乙能否追究甲的合同违约责任？
>
> 答案：能。不动产抵押合同的债权效力，以合同成立为要件。

**总结梳理**

| 不动产抵押合同 | 效　　力 |
|---|---|
| 不动产抵押合同 | 债权效力 |
| 抵押登记 | 抵押权设立，抵押合同履行 |

## 二、不动产抵押预告登记

### （一）场合

抵押预告登记通常发生于商品房预售交易的情形中，即出卖人尚未办理所有权首次登记，便与买受人订立房屋买卖合同，而买受人又将该房屋向债权人抵押贷款，此时，因买受人并未取得办理房屋的所有权登记，无法为债权人办理抵押登记，故为债权人办理抵押预告登记。

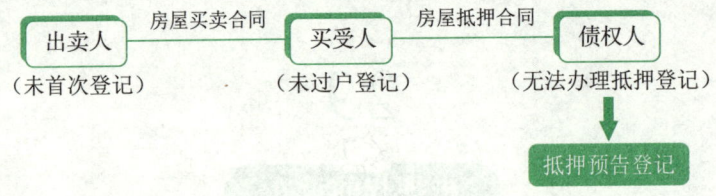

出卖人 ——房屋买卖合同—— 买受人 ——房屋抵押合同—— 债权人
（未首次登记）　　　（未过户登记）　　　（无法办理抵押登记）
↓
抵押预告登记

### （二）效力

1. 办理抵押预告登记后，未办理所有权首次登记：
（1）原则上，抵押预告登记的债权人不享有优先受偿权。
（2）例外情况是，当事人办理抵押预告登记后，抵押人破产，经审查抵押财产属于破产财产，且具备以下情形之一的，抵押预告登记的债权人有权就抵押财产优先受偿：
❶抵押预告登记与法院受理破产申请间隔时间1年以上；
❷抵押人为第三人，即抵押人为担保他人的债务向债权人设立抵押预告登记。

**总结梳理**

| 抵押人破产 | 抵押预告登记1年后破产 | 债权人凭抵押预告登记优先受偿 |
|---|---|---|
| | 为第三人设立抵押预告登记 | |

**迷你案例**

案情：甲与乙订立抵押合同，约定乙以房屋A为甲设立抵押，担保甲对丙的借款债权。抵押合同订立后，办理了抵押预告登记手续。

问1：甲是否享有抵押权？

答案：否。不动产抵押权的设立，采取"公示成立"模式，未办理首次登记，即无法办理抵押登记，抵押权不成立。

问 2：现乙破产，甲能否就房屋 A 主张优先受偿？
答案：能。抵押人为第三人的，抵押人破产，抵押预告登记的债权人有权优先受偿。

2. 办理抵押预告登记后，办理了所有权首次登记：
（1）办理首次登记时，抵押预告登记未失效的，抵押权自预告登记之日起设立；
（2）办理首次登记时，抵押预告登记已失效的，抵押权自抵押登记之日起设立。
[法条链接]《担保制度解释》第 52 条。

**一针见血** 首次登记与抵押预告登记的思维：
- 首次登记+抵押预告登记未失效＝抵押预告登记视为抵押登记。
- 首次登记+抵押预告登记已失效＝抵押预告登记不能视为抵押登记。

**迷你案例**

案情：甲与乙订立抵押合同，约定乙以房屋 A 向甲设立抵押。抵押合同订立后，办理了抵押预告登记手续。1 周后，乙办理了房屋 A 的所有权首次登记，后将房屋 A 抵押给丙，并办理了抵押登记。

问题：房屋 A 上，甲、丙的抵押权受偿顺位如何？为什么？

答案：甲的抵押权优先于丙的抵押权受偿。因为乙在办理房屋 A 的所有权首次登记时，抵押预告登记未失效，故甲的抵押权登记时间为抵押预告登记之时，在丙的抵押登记之前。

## 三、动产抵押权的设立

动产抵押权的设立采取"公示对抗"模式。抵押人与债权人订立书面抵押合同，抵押合同成立时即产生抵押权设立的效力。但是，在办理抵押登记之前，动产抵押权不得对抗善意第三人。

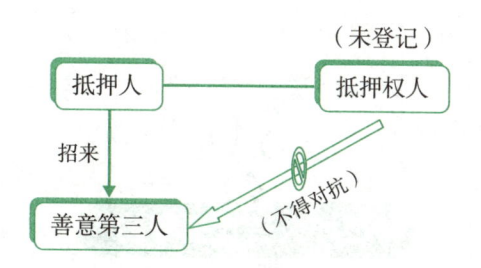

**一针见血** 未经登记的动产抵押权所不得对抗的第三人：

未经登记的动产抵押权所不得对抗的第三人，均系与抵押人进行交易的人。

"善意第三人"包括：

1. 动产抵押物的善意受让人。抵押人转让动产抵押物，善意受让人取得所有权后，动产抵押权消灭。原抵押权人只能就善意受让人支付的价金主张提前清偿债务或提存。

2. 动产抵押物的善意承租人。抵押人将抵押物出租给承租人并交付，抵押权人行使抵押权的，善意承租人可对抵押物受让人主张买卖不破租赁。

> **一针见血**
> - 租到抵押物+知道＝不可主张买卖不破租赁。
> - 租到抵押物+不知＝可以主张买卖不破租赁。

3. 对抵押物申请保全或者执行抵押财产的抵押人的债权人。法院已经作出财产保全裁定或者采取执行措施的，未经登记的动产抵押权人只能就法院执行后的剩余部分价值受偿。

4. 抵押人的破产债权人。抵押人破产的，未经登记的抵押权人与破产债权人平等受偿。

> **一针见血**
> - 抵押人的普通债权人+申请执行/抵押人破产＝债权人 Plus。
> - 未经登记的抵押权人依然可优先于抵押人的普通债权人受偿。

[法条链接]《民法典》第 403 条；《担保制度解释》第 54 条。

**总结梳理**

|  | 担保人 | 担保权人 | 担保权（未经登记） |
| --- | --- | --- | --- |
| 动产抵押 | 抵押人 | 抵押权人 | 抵押权 |

| 转　　让 | 抵押权消灭，价金代位 |
| --- | --- |
| 出　　租 | 承租人受买卖不破租赁保护 |
| 申请执行抵押物 | 就法院执行后的剩余价值受偿 |
| 破　　产 | 与破产债权人平等受偿 |

# 30 抵押人转让抵押物

## 一、受让人可否取得抵押物的所有权

1. 抵押人对抵押物的转让为有权处分，受让人可继受取得抵押物的所有权。
2. 抵押人、抵押权人约定抵押物不得转让，且受让人知道或应当知道此约定的除外。

> **一针见血** 抵押物转让时，受让人不能继受取得所有权的条件：
> 是"知道约定"，而非"知道抵押权"。

> **迷你案例**

案情：乙向甲银行贷款，丙以房屋 A 向甲银行设立抵押。双方约定，抵押期间，丙不得将房屋 A 转让予他人。但是，丙却将房屋 A 出卖给李四，并且向李四登记。

问 1：如果甲银行与丙关于房屋 A 不得转让的约定未经登记，则李四能否取得房屋 A 的所有权？

答案：能。"不得转让"之约定未登记的，推定李四不知该约定，李四可以继受取得。

问 2：如果甲银行与丙关于房屋 A 不得转让的约定已经登记，则李四能否取得房屋 A 的所有权？

答案：不能。"不得转让"之约定已登记的，推定李四知道该约定，李四不可以继受取得。

## 二、动产抵押物上的正常经营买受人

### （一）正常经营买受人的条件

**1. 积极条件**

（1）在抵押人的"正常经营活动"中购买抵押物，即抵押人的经营活动属于其营业执照明确记载的经营范围，且抵押人持续销售同类商品。

> **一针见血** 正常经营活动的理解：
> 抵押人将"产品"抵押后销售的，"抵押产品"的销售行为构成正常经营活动。

（2）受让人已经支付了合理的对价。

（3）受让人已经取得了抵押物的所有权。

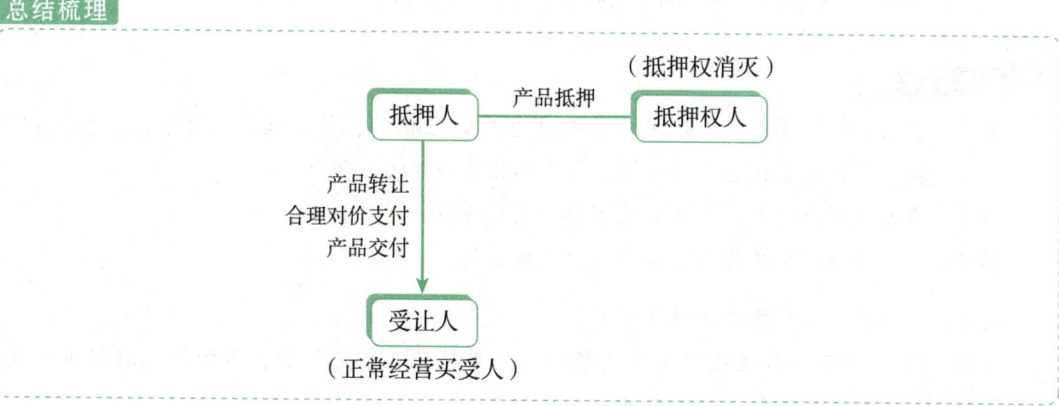

> **总结梳理**
>
> ```
>                      （抵押权消灭）
>   抵押人 ──产品抵押──→ 抵押权人
>     │
>     │ 产品转让
>     │ 合理对价支付
>     │ 产品交付
>     ↓
>   受让人
>   （正常经营买受人）
> ```

**2. 消极条件**

抵押物受让人具有如下情形之一的，不构成"正常经营买受人"：

（1）购买商品的数量明显超过一般买受人；

（2）购买抵押人的生产设备；

（3）订立买卖合同的目的在于担保债务的履行；

(4) 受让人与抵押人存在直接或者间接的控制关系；

(5) 受让人应当查询抵押登记而未查询的其他情形。

## （二）存在正常经营买受人的后果

1. 受让人取得所有权时，抵押权无论登记与否，一律归于消灭。

2. 抵押权人有权就抵押人转让抵押物所得的价金，主张提前清偿或提存。

## 三、受让人不构成"正常经营买受人"

1. 受让人"知道买到抵押物"的，抵押权不受影响。

2. 受让人"不知道买到抵押物"的，抵押权消灭。抵押权人有权就抵押人转让抵押物所得的价金，主张提前清偿或提存。

**总结梳理**

|  | 抵押权登记 | 抵押权未登记 |
| --- | --- | --- |
| 构成正常经营买受人 | 抵押权消灭，价金提前清偿或提存（情况1） | |
| 不构成正常经营买受人 | 抵押权不受影响（情况2） | ○ 受让人知道抵押权的→情况2<br>○ 受让人不知道抵押权的→情况1 |

**一针见血** 抵押物转让时，受让人是否知道抵押权：

○ 与受让人能否取得所有权无关。

○ 与受让人不构成正常经营买受人时，所有权可否对抗抵押权有关。

[法条链接]《民法典》第404、406条；《担保制度解释》第56条。

**迷你案例**

案情：乙向甲银行贷款，丙以房屋A向甲银行设立抵押，并办理了抵押登记。在抵押期间，丙将房屋A出卖给李四，并为李四办理了过户登记。

问1：李四是否知道房屋A上存在甲银行的抵押权？

答案：是。甲银行在房屋A上的抵押权已经登记。

问2：李四能否取得房屋A的所有权？

答案：能。"受让人知道或应当知道抵押物不得转让之约定"的，不能继受取得所有权。但甲银行与丙并未约定房屋A不得转让。

问3：李四能否构成正常经营买受人？

答案：不能。不动产抵押物的受让人，没有正常经营买受人的问题。

问4：李四取得房屋A的所有权后，对甲银行的抵押权有何影响？

答案：没有影响。李四的所有权不得对抗甲银行的抵押权。

## 31 浮动抵押

### 一、概述

浮动抵押，是指抵押人将其"全部动产"作为一个物，抵押给抵押权人，用以担保抵押权人的特定债权的担保方式。

浮动抵押具有如下特征：

1. 浮动抵押权设立后，抵押物的范围并不确定。此时，抵押人的生产经营活动还在正常进行，浮动抵押物的范围处于动态变化之中。及至浮动抵押物的范围确定后，浮动抵押物方才由流动状态转变为特定状态。
2. 浮动抵押权设立后，抵押人的所有动产均为浮动抵押权的客体。
3. 浮动抵押权设立后，抵押人购入并取得所有权的动产构成浮动抵押权的客体。
4. 浮动抵押权设立后，抵押人将浮动抵押物对外转让的，适用前述"抵押物转让"的法律规则。

**迷你案例**

案情：3月1日，甲公司向建设银行设立浮动抵押，并办理了抵押登记。3月5日，乙公司向工商银行设立浮动抵押，并办理了抵押登记。3月10日，甲公司将机器设备A出卖给乙公司，并向乙公司交付。

问题：机器设备A上并存几项抵押权？

答案：两项。①甲公司所设定的建设银行的抵押权；②乙公司所设定的工商银行的浮动抵押权。

### 二、浮动抵押权的设立

浮动抵押作为一种特殊的动产抵押，依然采取动产抵押"公示对抗"的物权变动模式。

1. 抵押人与抵押权人订立书面的浮动抵押合同，浮动抵押权即可设立。
2. 在抵押人住所地的市场监督管理部门办理抵押登记的，浮动抵押权可以对抗第三人。

### 三、确定浮动抵押物范围的条件

确定浮动抵押物的范围，是指将抵押物由"浮动"状态加以"凝固"，使之特定化。其目的在于为实现抵押权创造条件。确定浮动抵押物范围的条件包括：

1. 债务履行期限届满，债权未实现。
2. 抵押人被宣告破产或者解散。

3. 当事人约定的实现抵押权的情形。

4. 严重影响债权实现的其他情形。例如，因抵押人经营不善，浮动抵押物的价值急剧减少，为保全浮动抵押权，此时浮动抵押物的范围确定。

[法条链接]《民法典》第396、411条。

## 32 留置权

留置权，是指债权人在债务人到期不履行债务的情况下，扣留债务人的财产，并以其价值优先受偿的担保物权。留置权是法定担保物权，即留置权依照法定要件即可成立，而无需以当事人对留置达成合意为条件。

### 一、留置权的成立条件

#### （一）债权人合法占有债务人的动产

1. "合法占有"，是指债权人对于动产的占有源于债务人的自愿交付。债权人对拾得、盗抢的债务人动产，不得留置。

2. 留置权的客体以动产为限。

#### （二）同一性

1. "同一性"的含义

（1）留置权的同一性，是指债权人占有债务人动产的原因与债务人承担债务的原因相同，即基于同一个法律关系。换言之，债权人所承担的"返还标的物"的义务与债务人所承担的"支付价款"的义务之间是一组交换。

**总结梳理**

```
   [甲]                           [乙]
    │                              │
    ↓      （同一法律关系）          ↓
应向乙支付金钱  ←——— 交换 ———→  应向甲返还动产
```

（2）在具有"同一性"的情况下，纵然留置物的所有权并非归属于债务人，债权人也可享有留置权。

2. 无"同一性"的留置条件

（1）成立商事留置权。

❶ 主体要件：债权人、债务人均需为企业，即以营利为目的的组织；

❷债权要件：企业债权人对企业债务人的债权需为"商事营业债权"，即企业在其经营范围内因实施商事经营行为所享有的债权。

（2）动产归属于债务人。

**一针见血** "同一性"与留置物的归属：
- 具有"同一性"的，不问留置物归属于谁，债权人均可留置。
- 不具有"同一性"的，债权人可基于商事留置权留置，但需以留置物归属于债务人为条件。

**总结梳理**

| 无"同一性" | 条件一（商事留置权） | 条件二（推定成立） | 留置权成立 |
|---|---|---|---|
| | 双方是企业 | 归属于债务人 | |
| | 商事营业债权 | | |

**迷你案例**

案情：甲公司将车 A 交给乙修理厂维修。车 A 修好后，甲公司支付了维修费。

问 1：如果 1 个月前，甲公司的车 B 的修理费尚未向乙修理厂结清，乙修理厂遂主张留置车 A，乙修理厂是否有权留置车 A？

答案：是。商事留置权成立，且车 A 归属于债务人甲公司。

问 2：若车 A 是甲公司从他人处租来的，则乙修理厂是否有权留置车 A？

答案：否。不具有同一性的，债权人行使商事留置权需以留置物归属于债务人为条件。

问 3：如果 1 个月前，乙修理厂对甲公司享有的 20 万元债权已经到期，甲公司尚未偿还，乙修理厂遂主张留置车 A，乙修理厂是否有权留置车 A？

答案：否。"返还车 A"与"偿还借款"之间不具有同一性，且乙修理厂不享有商事留置权，故其不得留置车 A。

（三）债务人到期不履行债务

需要强调的是，对于抵押权、质权而言，"债务人到期不履行债务"是其实现条件；但对于留置权而言，"债务人到期不履行债务"则是其成立条件，而非实现条件。

## 二、留置权成立的限制

1. 法律规定或者当事人约定不得留置的动产，不得留置。留置权的成立不需要以当事人的约定为条件，但是当事人的约定却可以阻止留置权的成立。

2. 留置财产为可分物的，留置财产的价值应当相当于债务的金额，即"等价留置"规则。

3. 债务人对债权人享有抗辩权的，债权人对所占有的债务人的动产不得留置。

### 迷你案例

**案情**：甲将汽车交乙修理厂喷漆，约定取车时支付维修费。甲取车时，发现喷漆有色差。现甲有权根据先履行抗辩权，拒绝支付维修费。

**问题**：乙能否留置该车？

**答案**：不能。乙不得留置该车，且需承担重作的违约责任。

## 三、留置权的实现与消灭

### （一）留置权的实现条件

留置权的实现条件是"债务宽限期满仍不履行"。留置权的宽限期的长度规则为：

1. 在当事人没有约定或者约定不明确的情况下，宽限期由留置权人指定，但是不得少于60日。

2. 对于鲜活易腐等不易保管的动产，宽限期可以少于60日，但是仍需具有合理性。

### 一针见血

- "债务到期不履行"为留置权的成立条件。
- "宽限期满仍不履行"为留置权的实现条件。

### （二）留置权的消灭

1. 留置权人对留置财产丧失占有的，留置权消灭。占有不仅是留置权的成立条件，也是留置权的维持条件。

2. 留置权人接受债务人另行提供担保的，留置权消灭。

### 迷你案例

**案情**：甲将汽车交乙修理厂维修，约定取车时支付维修费。甲取车时未支付维修费，乙遂留置该汽车。甲因急需用车，遂将笔记本电脑向乙出质，担保维修费债务的履行。

**问题**：此时，乙对该汽车是否享有留置权？

**答案**：否。乙接受甲另行提供的担保，留置权消灭。

[法条链接]《民法典》第447~450条、第453条第1款、第457条；《担保制度解释》第62条。

# 33 担保物权竞存

担保物权竞存，是指一个担保物上并存2个或者2个以上担保物权的情形。

## 一、抵押权竞存时的受偿顺位

抵押权竞存，即一物多押，是指一个抵押物上并存 2 个或 2 个以上抵押权的情形。抵押权竞存时的受偿顺位为：

1. 存于一物之上的各抵押权，已登记的先于未登记的清偿。
2. 存于一物之上的各抵押权，均未登记的，按照所担保的债权额的比例清偿。
3. 存于一物之上的各抵押权，均已登记的，按照登记的时间先后顺序清偿；登记时间相同的，按照所担保的债权额的比例清偿。

**一针见血** ▶ 抵押权竞存时的受偿顺位：

只看登记与否、登记先后，不看抵押权人善意、恶意。

**迷你案例**

案情：甲将机器设备抵押给 A 银行，未办理抵押登记。1 周后，甲又将该机器设备抵押给 B 银行，办理了抵押登记。

问 1：A 银行、B 银行的受偿顺位如何？为什么？

答案：B 银行优先于 A 银行受偿。因为 B 银行的抵押权已经登记，而 A 银行的抵押权并未登记。

问 2：如果 B 银行办理抵押登记时，已经知道 A 银行抵押权的存在，则 A 银行、B 银行的受偿顺位如何？为什么？

答案：B 银行优先于 A 银行受偿。因为 B 银行的抵押权已经登记，而 A 银行的抵押权并未登记。

[法条链接]《民法典》第 414 条第 1 款。

## 二、动产的价款抵押权

### （一）价款抵押权的结构

1. 主体。价款抵押权人，是指因为买受人购买动产提供价金融资，从而对买受人享有"价金融资债权"的"价款融资人"。其包括：①赊账销售的出卖人；②买受人价金借款的出借人。

**一针见血** ▶ 价款抵押权的理解：你为我融资买"它"，我用"它"向你抵押。

**迷你案例**

案情：乙公司欲从甲公司处以 100 万元的价格购买机器设备 A，双方约定甲公司先行交付机器设备 A，乙公司 1 年内支付价款。

问 1：谁对乙公司购买机器设备 A 提供了价款融资？

答案：甲公司。甲公司是赊账销售的出卖人。

问2：如果甲公司不同意赊账销售，马小芸借给乙公司100万元，使其向甲公司支付价款，乙公司1年内偿还借款，则谁对乙公司购买机器设备A提供了价款融资？

答案：马小芸。马小芸是价金借款的出借人。

2. 客体。价款抵押权的客体，就是买受人接受价款融资后所购买的动产。

### （二）价款抵押权的效力

1. 出卖人向买受人交付动产之日起10日内，买受人向"价款融资人"办理抵押登记的，"价款融资人"的抵押权可优先于"买受人以该动产为其他人设立的抵押权、质权"受偿。

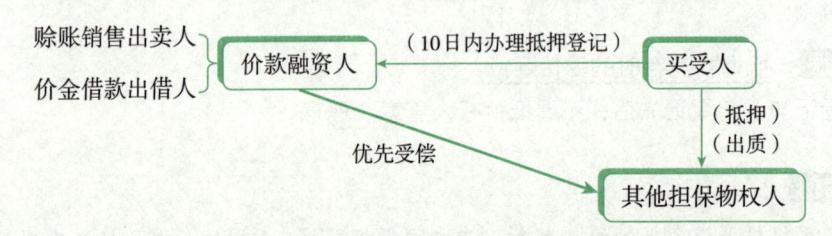

2. 同一动产上存在多个价款抵押权的，应当按照登记的时间先后确定清偿顺序。

[法条链接]《民法典》第416条；《担保制度解释》第57条。

#### 迷你案例

案情：1月2日，甲公司将机器设备A抵押给建设银行，办理了抵押登记手续。1月5日，乙公司将其现有及将有的所有动产为工商银行设立浮动抵押，并办理了抵押登记。1月8日，甲公司将机器设备A以100万元的价格出卖给乙公司，约定乙公司向甲公司支付首期款40万元后，即可取走该设备，余款1年内付清。马小芸借给乙公司40万元，使乙公司向甲公司支付了首期款。1月10日，甲公司将机器设备A交付予乙公司。1月12日，乙公司将机器设备A抵押给丙公司，并办理了抵押登记。1月15日，乙公司将机器设备A出质给丁公司并交付。1月17日，乙公司将机器设备A抵押给马小芸，担保马小芸的40万元借款债权，并办理了抵押登记。1月19日，乙公司将机器设备A抵押给甲公司，担保乙公司欠付的60万元价金债权，并办理了抵押登记。1月25日，因丁公司对机器设备A保管不善，机器设备A发生毁损，丁公司遂将其交予戊公司维修。因丁公司未支付维修费，机器设备A被戊公司留置。

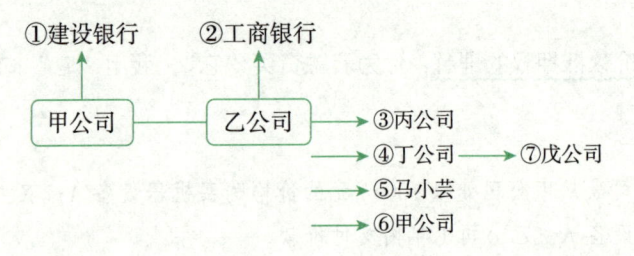

问1：谁是"价款融资人"？

答案：甲公司、马小芸。甲公司赊账销售机器设备A，马小芸提供机器设备A的价金借款。

问 2：谁是"买受人"？

答案：乙公司。抵押物为机器设备 A，乙公司是机器设备 A 的买受人。

问 3：谁的担保物权源自乙公司？

答案：工商银行、丙公司、丁公司、甲公司、马小芸。

问 4：工商银行、丙公司、丁公司、甲公司、马小芸的担保物权受偿顺位如何？

答案：甲公司、马小芸的抵押权担保其抵押物价款融资债权，且在向乙公司交付后 10 日内登记，构成价款抵押权，可优先于工商银行、丙公司、丁公司。

问 5：甲公司、马小芸的抵押权可否优先于戊公司的留置权？

答案：不可以。同一动产上竞存多种担保物权的，留置权最为优先。

问 6：甲公司、马小芸的抵押权可否优先于建设银行的抵押权？

答案：不可以。建设银行是甲公司的抵押权人，并非"抵押物买受人的其他抵押权人、质权人"，故甲公司、马小芸不得凭价款抵押权优先于建设银行受偿，而只能适用一般受偿顺序规则，即建设银行的抵押权登记在甲公司、马小芸之前，其可优先于甲公司、马小芸的抵押权。

问 7：甲公司、马小芸的抵押权受偿顺位如何？

答案：马小芸的抵押权优先于甲公司的抵押权受偿。同一动产上存在多个价款抵押权的，应当按照登记的时间先后确定清偿顺序。

问 8：本题中，竞存于机器设备 A 上的各担保物权的受偿顺位如何？

答案：戊公司的留置权——建设银行的抵押权——马小芸的抵押权——甲公司的抵押权——工商银行的浮动抵押权——丙公司的抵押权——丁公司的质权。

## 三、部分抵押权变更

一物多押时，抵押人与抵押权人之间以及抵押权人之间，可以通过协议约定变更部分抵押权的内容，如变更抵押权顺位、被担保的债权数额等内容。其限制在于：未经其他抵押权人书面同意的，不得对其他抵押权人产生不利影响。

**迷你案例**

案情：甲先后将房 A 抵押给乙、丙，依次登记，分别担保乙 50 万元、丙 70 万元的债权。此外，丁对甲享有债权 50 万元。甲与乙协商，将乙受担保的债权额由 50 万元增加至 70 万元，并办理了抵押变更登记手续。现房 A 变价 150 万元。

问题：乙、丙如何受偿？

答案：乙先受偿 50 万元，丙后受偿 70 万元，乙再受偿 20 万元；剩余价金向丁清偿。

**一针见血** ▶ 部分抵押权变更后果的理解：

◉ 部分抵押权可以变更。

⊙ 损害其他抵押权人利益的，变更的部分顺位后移。

[法条链接]《民法典》第 409 条第 1 款。

# 第七讲

# 小综案例

### 案 情

甲公司欲购买商品房 A，遂从建设银行贷款 100 万元。为担保建设银行的债权，甲公司以房屋 A 向建设银行设立抵押；宋大江以机器设备 B 设立抵押，但未办理抵押登记；金星游艇 4S 店以游艇 C 设立抵押，并办理了抵押登记。因房屋 A 刚刚建成，尚未办理首次登记，故甲公司为建设银行办理了抵押预告登记。2 个月后，房屋 A 首次登记后，甲公司将其抵押给工商银行，办理了抵押登记，以担保自己在工商银行的 80 万元贷款。随后，宋大江将机器设备 B 出卖给了不知情的秦光明，并向秦光明交付。

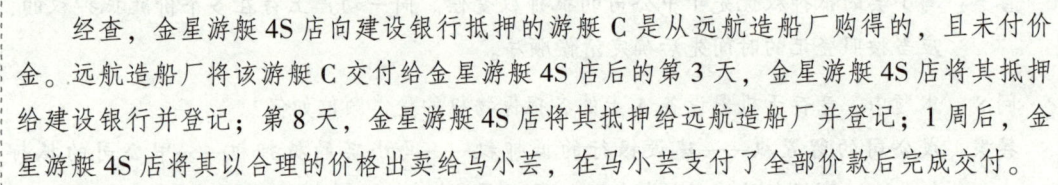

经查，金星游艇 4S 店向建设银行抵押的游艇 C 是从远航造船厂购得的，且未付价金。远航造船厂将该游艇 C 交付给金星游艇 4S 店后的第 3 天，金星游艇 4S 店将其抵押给建设银行并登记；第 8 天，金星游艇 4S 店将其抵押给远航造船厂并登记；1 周后，金星游艇 4S 店将其以合理的价格出卖给马小芸，在马小芸支付了全部价款后完成交付。

在马小芸使用游艇 C 的过程中，游艇上的引力波宇宙广播系统发生故障，马小芸遂将其交予深海游艇维修厂修理，并预付了维修费。游艇 C 修好后，因深海游艇维修厂 1 个月前给马小芸维修游艇 D 后马小芸欠付维修费，故深海游艇维修厂对游艇 C 主张留置权。

### 问 题

1. 如果甲公司为建设银行办理房屋 A 抵押预告登记 1 个月后破产，则建设银行能否对房屋 A 享有优先受偿权？为什么？
2. 建设银行的抵押权与工商银行的抵押权受偿顺位如何？为什么？
3. 宋大江将机器设备 B 出卖给秦光明后，建设银行能否对机器设备 B 行使抵押权？为什么？
4. 如果宋大江与建设银行约定，抵押的机器设备 B 不得转让，且该约定已经登记，则宋大江将机器设备 B 出卖给秦光明后，建设银行能否对机器设备 B 行使抵押权？为什么？
5. 金星游艇 4S 店将游艇 C 出卖给马小芸之前，在游艇 C 上，建设银行的抵押权与远航造船厂的抵押权受偿顺位如何？为什么？
6. 金星游艇 4S 店将游艇 C 出卖给马小芸之后，建设银行与远航造船厂能否对游艇 C 继续享有抵押权？为什么？
7. 如果经查，马小芸是金星游艇 4S 店的股东，则金星游艇 4S 店将游艇 C 出卖给马小芸后，建设银行与远航造船厂能否对游艇 C 继续享有抵押权？为什么？
8. 深海游艇维修厂能否对游艇 C 主张留置权？为什么？

**答案**

1. 不能。甲公司为自己的债务担保，且预告登记至破产时隔不满 1 年，故建设银行不能享有优先受偿权。
2. 建设银行的抵押权可优先于工商银行的抵押权受偿。甲公司办理首次登记时，建设银行的抵押预告登记未失效，建设银行的抵押权登记时间为其办理预告登记的时间，在工商银行办理抵押登记之前，故建设银行的抵押权可优先于工商银行的抵押权受偿。
3. 不能。动产抵押权未登记的，不得对抗善意买受人。故秦光明取得机器设备 B 的所有权后，建设银行的抵押权消灭，建设银行只能就秦光明支付的价金主张提前清偿债务或者提存。
4. 能。抵押权人与抵押人之间的"抵押物不得转让"的约定已经登记的，抵押物受让人不能取得所有权。故宋大江的出卖行为对建设银行的抵押权没有影响，建设银行能对机器设备 B 行使抵押权。
5. 远航造船厂的抵押权优先于建设银行的抵押权。远航造船厂的抵押权为交付后 10 日内登记的价款抵押权，可优先于抵押物买受人（金星游艇 4S 店）的其他抵押权人（建设银行）受偿。
6. 不能。金星游艇 4S 店出卖游艇 C 的行为构成正常经营活动，马小芸已经支付了合理的对价，并取得所有权，构成正常经营买受人。建设银行与远航造船厂的抵押权不得对抗正常经营买受人，故归于消灭，建设银行与远航造船厂只能就游艇 C 出卖所得价金主张提前清偿债务或提存。
7. 能。金星游艇 4S 店与马小芸的游艇买卖构成关联交易，此时马小芸不构成正常经营买受人。因建设银行的抵押权与远航造船厂的抵押权均已登记，可对抗马小芸的所有权，故抵押权不受影响。
8. 不能。首先，游艇 D 的维修费与游艇 C 的返还属于两个法律关系，不具有同一性。其次，虽然在不具有同一性的情况下，基于商事留置权也可留置，但商事留置权的主体要件为债权人、债务人均为企业，且债权为商事营业债权。本题中，尽管深海游艇维修厂的游艇 D 维修费债权是商事营业债权，但马小芸并非企业，故深海游艇维修厂也不得基于商事留置权留置游艇 C。

# 第8讲 LECTURE 08

# 物保的特殊形式：所有权担保

## 34 保留所有权买卖合同与融资租赁合同

### 一、具有担保合同的性质

1. 保留所有权买卖合同，出卖人以保留的动产买卖物所有权担保价金债权的实现。
2. 融资租赁合同，出租人以保留的动产租赁物所有权担保融资款本息债权的实现。

**一针见血** 所有权担保的理解：
- 担保人可以他物权设立担保，如抵押、质押。
- 担保人也可以所有权设立担保，如保留所有权买卖、融资租赁。

### 二、与动产抵押的对应关系

|  | 担保人 | 担保权人 | 担保权 |
| --- | --- | --- | --- |
| 动产抵押合同 | 抵押人 | 抵押权人 | 抵押权 |
| 保留所有权买卖合同 | 买受人 | 出卖人 | 所有权 |
| 融资租赁合同 | 承租人 | 出租人 | 所有权 |

### 三、"未经登记，不得对抗善意第三人"的统一适用

1. 动产抵押权，未经登记，不得对抗善意第三人。善意第三人包括四种类型。
2. 保留所有权买卖合同、融资租赁合同中的出卖人、出租人的所有权，未经登记，

不得对抗善意第三人。善意第三人同样包括四种类型。

**总结梳理**

|  | 担保人 | 担保权人 | 担保权（未登记） |
| --- | --- | --- | --- |
| 动产抵押合同 | 抵押人 | 抵押权人 | 抵押权 |
| 保留所有权买卖合同 | 买受人 | 出卖人 | 所有权 |
| 融资租赁合同 | 承租人 | 出租人 | 所有权 |

| 第三人 | 不能对抗 |
| --- | --- |
| 担保人转让给善意受让人 | 担保权消灭，价金代位 |
| 担保人出租给善意承租人 | 担保权行使，承租人受买卖不破租赁保护 |
| 担保人的债权人申请执行担保物 | 就法院执行后的剩余价值受偿 |
| 担保人破产 | 与破产债权人平等受偿 |

［法条链接］《担保制度解释》第54、67条。

## 四、"正常经营买受人"的统一适用

1. 抵押人以"产品"向抵押权人抵押后，又将该"产品"出卖给正常经营活动中支付了合理价款的买受人并交付的，抵押权消灭，抵押权人只能就价金主张提前清偿或提存。

2. 买受人、承租人以"产品"所有权向出卖人、出租人提供担保后，又将该"产品"出卖给正常经营活动中支付了合理价款的买受人并交付的，出卖人、出租人的所有权消灭，只能就价金主张提前清偿或提存。

**总结梳理**

|  | 担保人 | 担保权人 | "产品"上的担保权 |
| --- | --- | --- | --- |
| 动产抵押合同 | 抵押人 | 抵押权人 | 抵押权 |
| 保留所有权买卖合同 | 买受人 | 出卖人 | 所有权 |
| 融资租赁合同 | 承租人 | 出租人 | 所有权 |

| 正常经营买受人 | 不能对抗 |
| --- | --- |
| 正常经营活动中受让"产品"+支付了合理对价+交付 | 担保权消灭，价金代位 |

［法条链接］《担保制度解释》第56条。

### 迷你案例

1. **案情**：制造商甲与电器销售商乙订立了100台电脑的分期付款买卖合同，双方约定价款付清前，甲保留电脑的所有权。后甲向乙交付了电脑，乙在付清价款之前，将其中1台电脑以市价出卖给支付了全部价款的丙，且向丙交付了该电脑。

   **问题**：甲对于该电脑是否仍享有所有权？

   **答案**：否，甲的所有权归于消灭。原因在于：
   
   (1) 乙基于正常经营活动，将电脑出卖给了丙并完成交付，丙支付了合理价款，故丙为正常经营买受人；
   
   (2) 与动产抵押权相同，保留所有权买卖不得对抗正常经营买受人，故甲的所有权归于消灭。

2. **案情**：融资租赁公司甲与电器销售商乙订立100台电脑的融资租赁合同后，甲为乙购买了该批电脑，并向乙完成了交付。乙在付清租金之前，将其中1台电脑以市价出卖给支付了全部价款的丙，且向丙交付了该电脑。

   **问题**：甲对于该电脑是否仍享有所有权？

   **答案**：否，甲的所有权归于消灭。原因在于：
   
   (1) 乙基于正常经营活动，将电脑出卖给了丙并完成交付，丙支付了合理价款，故丙为正常经营买受人；
   
   (2) 与动产抵押权相同，融资租赁合同中出租人的所有权不得对抗正常经营买受人，故甲的所有权归于消灭。

### 五、"价款优先权"的统一适用

1. 价金融资债权人的抵押权，在标的物交付后10日内登记的，可以对抗抵押人为他人设立的抵押权、质权。

2. 出卖人、出租人的所有权，在标的物交付后10日内登记的，同样可以对抗买受人、承租人为他人设立的抵押权、质权。

### 总结梳理

| | 担保人 | 担保权人（10日内登记） | 担保权 |
|---|---|---|---|
| 动产抵押合同 | 抵押人 | 价金融资债权人 | 抵押权 |
| 保留所有权买卖合同 | 买受人 | 出卖人 | 所有权 |
| 融资租赁合同 | 承租人 | 出租人 | 所有权 |

| 担保人的其他担保物权人 | 可以对抗 |
|---|---|
| 抵押权人、质权人 | 优先受偿 |

[法条链接]《民法典》第 416 条;《担保制度解释》第 57 条第 1、2 款。

### 迷你案例

案情:1 周前,甲公司为从乙银行贷款,将自己现有和将有的机器设备、原材料、产品、半成品向乙银行设立抵押,并办理了登记手续。

问 1:现甲公司从丙公司购买机器设备 A,双方约定在甲公司付清价款前,丙公司保留机器设备 A 的所有权。丙公司将机器设备 A 交付予甲公司后的第 3 天,甲公司将机器设备 A 向丁公司出质并完成交付;第 6 天,丙公司办理了所有权保留登记手续。若因甲公司逾期支付价款,丙公司依法将机器设备 A 取回并另行出卖,则丙公司保留的所有权能否优先于乙银行的抵押权、丁公司的质权受偿?

答案:能。价款优先权可适用于保留所有权买卖中出卖人所保留的所有权。

问 2:现甲公司与丙公司订立融资租赁合同,丙公司购买机器设备 A 后,将机器设备 A 交付予甲公司。第 3 天,甲公司将机器设备 A 向丁公司出质并完成交付;第 6 天,丙公司办理了出租人所有权登记手续。若因甲公司逾期支付价款,丙公司依法解除融资租赁合同,将机器设备 A 取回并变价受偿,则丙公司的租赁物所有权能否优先于乙银行的抵押权、丁公司的质权受偿?

答案:能。价款优先权可适用于融资租赁中出租人所保留的所有权。

## 35 让与担保

让与担保,是指当事人以订立买卖合同为名,行担保债务人义务之实的制度。

### 一、辨别

买卖合同中约定"回转条款"的,为让与担保。

> 一针见血 ── 让与担保与买卖合同:买卖合同+回转条款=让与担保。

### 迷你案例

1. 案情:甲、乙订立买卖合同,约定甲将房屋 A 以 100 万元的价格出卖给乙。
   问题:甲、乙是买卖关系还是让与担保关系?
   答案:买卖合同中没有回转条款,故甲、乙为买卖关系。

2. 案情:甲、乙订立买卖合同,约定甲将房屋 A 以 100 万元的价格出卖给乙;若甲在 1 年内向乙支付了 110 万元,买卖合同解除。

问题：甲、乙是买卖关系还是让与担保关系？

答案："若甲在1年内向乙支付了110万元，买卖合同解除"的约定就是回转条款，故甲、乙为让与担保关系。

3. 案情：甲、乙订立买卖合同，约定甲将房屋A以100万元的价格出卖给乙，甲应在1年内以110万元的价格回购房屋A。

问题：甲、乙是买卖关系还是让与担保关系？

答案："甲应在1年内以110万元的价格回购房屋A"的约定就是回转条款，故甲、乙为让与担保关系。

## 二、效力

1. 债务人如约履行债务的，受担保的债权实现，买卖合同按照"回转条款"的约定恢复原状。

2. 债务人未如约履行债务的：

（1）债权人有权对让与担保物变价受偿；

（2）债权人能否优先受偿，看让与担保物是否交付（动产）或者登记（不动产）。

3. 让与担保合同约定"债务不履行，让与担保物的所有权归债权人，双方债权债务两清"的，此约定为流质约款，依法无效。

### 总结梳理

|  | 钱还上 | 钱没还 | 可否优先受偿 | "钱没还，东西继续归我，咱俩两清"效力 |
|---|---|---|---|---|
| 让与担保 | 东西还你 | 变价受偿 | 是否交付、登记 | 流质约款无效 |

# 第八讲

# 小综案例

**案情**

甲厂与乙电器销售公司（以下简称"乙公司"）订立买卖合同，约定甲厂出卖10台A型冰箱和1辆汽车给乙公司，乙公司在货物交付后的1年内分期付款，且在乙公司支付全部价款前，甲厂保留该A型冰箱和1辆汽车的所有权。甲厂向乙公司交付冰箱、汽车的第3天，乙公司将该10台A型冰箱抵押给了建设银行，担保其在建设银行的贷款，并办理了抵押登记；第8天，乙公司为甲厂办理了10台A型冰箱的保留所有权登记，但未办理 1 辆汽车的保留所有权登记。

1 个月后，乙公司将该 10 台 A 型冰箱中的 1 台出卖给了宋大江，并将该汽车出卖给了不知情的秦光明。宋大江、秦光明均已支付合理的对价，并均已完成交付。

1 年后，宋大江与马小芸订立买卖合同，约定宋大江将购买的 A 型冰箱出卖给马小芸，并可在半年内以所得价款 105% 的价格回购该冰箱，如果宋大江未如约回购，则回购权消灭，该冰箱继续归马小芸所有，双方债权债务两清。合同订立后，双方钱货交付完毕。

**问题**

1. 在该 10 台 A 型冰箱上，建设银行的抵押权与甲厂的保留所有权受偿顺位如何？为什么？
2. 乙公司将该 A 型冰箱出卖给宋大江后，甲厂能否就该冰箱继续享有保留所有权？为什么？
3. 乙公司将该汽车出卖给秦光明后，甲厂能否就该汽车继续享有保留所有权？为什么？
4. 宋大江与马小芸关于"如果宋大江未如约回购，则回购权消灭，该冰箱继续归马小芸所有"之约定，效力如何？为什么？
5. 若宋大江未在半年内回购冰箱，马小芸可以怎么办？为什么？
6. 如果经查，宋大江对李二逵有借款债务到期尚未偿还。该冰箱变价后，马小芸、李二逵均要求宋大江以该冰箱变价偿还，则马小芸与李二逵的受偿顺序如何？为什么？

**答案**

1. 甲厂的保留所有权优先于建设银行的抵押权。甲厂在 10 台 A 型冰箱上的保留所有权为价款优先权，且已在交付后 10 日内完成登记，故可优先于买受人（乙公司）的其他担保物权人（建设银行）受偿。
2. 不能。乙公司出卖该 A 型冰箱给宋大江，构成正常经营活动，宋大江支付了合理价款并取得了该冰箱的所有权，是正常经营买受人。因甲厂在该冰箱上的保留所有权不得对抗正常经营买受人，故归于消灭，甲厂只能就该冰箱的价金主张提前清偿债务或提存。
3. 不能。乙公司出卖该汽车给秦光明，不构成正常经营活动，秦光明不是正常经营买受人。因甲厂在该汽车上的保留所有权并未登记，不得对抗善意受让人秦光明，故甲厂在该汽车上的保留所有权消灭。
4. 无效。该约定构成流质约款，依法无效。
5. 马小芸可将该冰箱变价，并优先受偿。因宋大江与马小芸之间的冰箱买卖合同中约定了回赎条款，且该冰箱已经交付，故该买卖合同的性质为先让与担保。先让与担保中，债务人到期不履行债务的，担保权人有权就担保物变价受偿。因担保物已经交付，让与担保权具有物权性质，故担保权人可以优先受偿。
6. 马小芸可优先于李二逵受偿。因为该冰箱已经向马小芸交付，马小芸的让与担保权具有物权性质，故可以优先于宋大江的普通债权人李二逵受偿。

# 第9讲 LECTURE 09

## 合同债权的担保之二：保证与定金

### 36 保证的概念

保证，又称人保，是指在主债务人不履行债务时，由保证人履行主债务的担保形式。

1. 在保证关系中，保证人必须是主债务人之外的第三人。
2. 在保证关系中，债权人对保证人的保证权，性质为债权，即承担保证责任请求权。

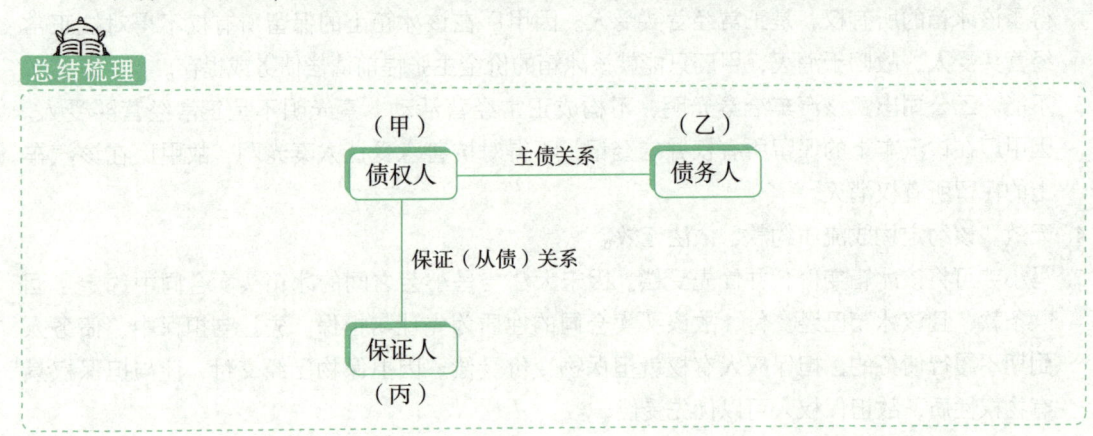

**总结梳理**

```
（甲）            主债关系            （乙）
债权人 ──────────────────────── 债务人
  │
  │ 保证（从债）关系
  │
保证人
 （丙）
```

## 37 保证与物保

### 一、相同之处

保证与物保的相同之处在于，担保人均作出了"担保意思表示"。

### 二、不同之处

1. 物保是以"特定物的价值"作为担保的基础。
2. 保证是以"保证人的行为"作为担保的基础，并无特定物的存在。

**总结梳理**

| 当事人作出担保意思表示（他不还，我还） | 性　　质 |
| --- | --- |
| 明确"特定"担保财产 | 物　　保 |
| 未明确"特定"担保财产 | 保　　证 |

**迷你案例**

1. 案情：丙对甲书面表示，若乙到期不履行其对甲的债务，则丙将自己的汽车 A 变价，让甲受偿。

    问题：丙是什么担保？为什么？

    答案：物保。丙以特定物（汽车 A）作为担保的基础，故为物保。

2. 案情：甲、乙订立买卖合同，约定甲以 100 万元的价格向乙出卖汽车 A。合同订立后 1 个月，甲、丙订立借款合同，约定甲借给丙 100 万元。现甲、乙买卖合同到期，乙向甲表示，甲应交付的汽车 A 暂不交付，作为甲对丙的借款债权的担保。

    问题：乙是什么担保？为什么？

    答案：物保。乙以特定物（汽车 A）作为担保的基础，故为物保。

3. 案情：甲、乙订立买卖合同，约定甲以 100 万元的价格购买乙的汽车 A。合同订立后 1 个月，甲、丙订立借款合同，约定甲借给丙 100 万元。现甲、乙买卖合同到期，乙向甲表示，甲应交付的 100 万元暂不交付，作为甲对丙的借款债权的担保。

    问题：乙是什么担保？为什么？

    答案：保证。乙以本可收取的甲的价款向甲提供担保，该笔价款并非特定物，故乙所提供的是保证。

## 总结梳理

| 买卖转担保 | 性质 |
|---|---|
| 我用你该向我交付的特定物，向你提供担保 | 物保 |
| 我用你该向我交付的价款，向你提供担保 | 保证 |

# 38 连带责任保证与一般保证

## 一、概念

1. 连带责任保证，是指当事人在保证合同中约定，债务人到期不履行债务时，由保证人与债务人承担连带责任的保证。在连带责任保证中，债务的履行与保证责任的承担不存在顺序性。

2. 一般保证，是指当事人在保证合同中约定，债务人到期不履行债务，在债权人对债务人"穷尽一切法律手段"后，保证人对债务人不能履行的部分承担保证责任的保证。在一般保证中，债务的履行与保证责任的承担存在顺序性。

**一针见血** "穷尽一切法律手段"与"先诉抗辩权"的关系：
穷尽一切法律手段=先诉抗辩权消除。

## 二、连带责任保证与一般保证的区分

1. 保证合同中有"债务人应当先承担责任"之意思表示的，为一般保证。
2. 保证合同中有"无需债务人先承担责任"之意思表示的，为连带责任保证。
3. 保证合同中未约定保证责任承担方式或约定不明确的，为一般保证。

**迷你案例**

案情：甲银行借给乙公司100万元，丙与甲银行订立保证合同，为甲银行对乙公司的债权提供担保。

问1：经查，保证合同约定，若乙公司到期未偿还借款本息，甲银行可请求丙承担保证责任。丙的保证是一般保证，还是连带责任保证？为什么？

答案：连带责任保证。因为保证合同中"若乙公司到期未偿还借款本息，甲银行可请求丙承担保证责任"之约定，表明了连带责任保证的意思表示。

问 2：经查，保证合同约定，若乙公司到期未偿还借款本息，丙承担最充分、全面的保证责任。丙的保证是一般保证，还是连带责任保证？为什么？

答案：连带责任保证。因为保证合同中"若乙公司到期未偿还借款本息，丙承担最充分、全面的保证责任"之约定，表明了连带责任保证的意思表示。

问 3：经查，保证合同中并未约定丙如何承担保证责任。丙的保证是一般保证，还是连带责任保证？为什么？

答案：一般保证。保证合同未约定保证人承担保证责任的方式的，推定为一般保证。

### 三、先诉抗辩权

1. 含义

在一般保证中，基于债务履行与保证责任承担的顺序性，债权人未对债务人"穷尽一切法律手段"之前，请求一般保证人承担保证责任的，保证人有权予以拒绝。此即先诉抗辩权。

2. 例外

出现以下情况，一般保证人不得主张其享有先诉抗辩权：①债务人下落不明，且无财产可供执行；②法院已经受理债务人破产案件；③债权人有证据证明债务人的财产不足以履行全部债务或丧失履行债务能力；④保证人向债权人或其代理人以书面形式放弃先诉抗辩权。

3. 债权人怠于执行一般保证人提供的财产线索

基于一般保证人的"后顺位"特征，一般保证人在主债务履行期限届满后，向债权人提供债务人可供执行财产的真实情况，债权人放弃或者怠于行使权利致使该财产不能被执行的，保证人在其提供可供执行财产的价值范围内不再承担保证责任。

[法条链接]《民法典》第 686～688、698 条；《担保制度解释》第 25 条。

**总结梳理**

| | 债务人、保证人责任关系 | 保证人的先诉抗辩权 |
|---|---|---|
| 连带责任保证 | 连带 | 无 |
| 一般保证 | 对债务人"穷尽一切法律手段"后，保证人承担责任 | 有，但有四项例外 |

## 39 保证期间

### 一、保证期间的含义

保证期间，是指债权人行使保证权的期间。

1. 保证期间内，债权人行使保证权的：
（1）保证期间"功成身退"，不会届满；
（2）起算保证诉讼时效。
2. 保证期间内，债权人没有行使保证权的：
（1）保证期间届满，保证权消灭；
（2）保证诉讼时效不会起算。

**总结梳理**

|  | 保证期间 | 保证诉讼时效 |
| --- | --- | --- |
| 保证期间内行使保证权 | "功成身退"，不会届满 | 起算 |
| 保证期间内未行使保证权 | 保证期间届满，保证权消灭 | 不会起算 |

## 二、保证期间的计算

1. 起算点：主债务履行期限届满之日。
2. 长度。当事人没有约定或者约定不明确的，保证期间的长度为 6 个月。

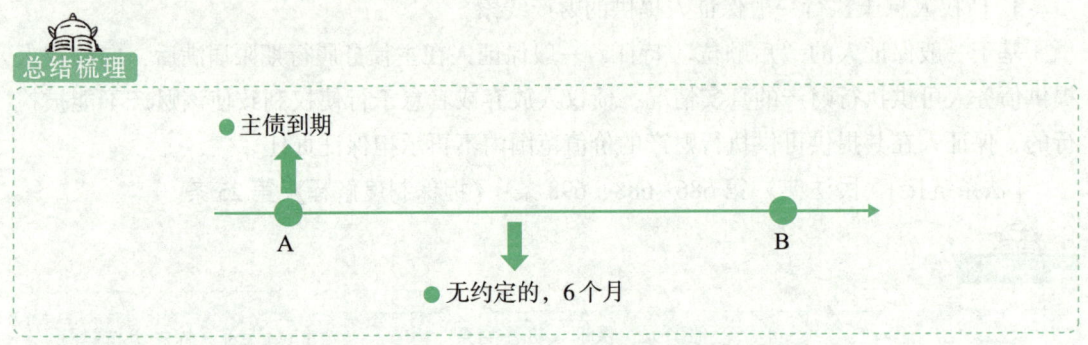

**总结梳理**

●主债到期

A ────────────── B

●无约定的，6 个月

[法条链接]《民法典》第 692 条第 2 款；《担保制度解释》第 32 条。

3. 主债期变动对保证责任的影响

主债权人、债务人约定延长或者缩短主债务的到期日，未经保证人书面同意的，保证期间按照原债期起算。

**案情**：甲对乙有债权，A 时点到期。丙向甲提供保证，未约定保证期间。后甲、乙将债期变更为 B 时点。

| 新旧债期 | | 保证期间 |
| --- | --- | --- |
| A（原债期） | | A+6 个月 |
| B（新债期） | 丙书面同意 | B+6 个月 |
| | 丙未书面同意 | A+6 个月 |

[法条链接]《民法典》第 695 条第 2 款。

## 三、债权人行使保证权的方式

### （一）连带责任保证

1. 在连带责任保证中，债权人行使保证权的方式为"请求保证人承担保证责任"，且不以提起诉讼、申请仲裁为必要。

2. 债权人在保证期间内起诉或者申请仲裁后，又撤诉或者撤回仲裁申请，起诉状副本或者仲裁申请书副本已经送达保证人的，应当认定债权人已经行使了保证权。

### （二）一般保证

1. 一般保证中，债权人行使保证权的方式是"对债务人提起诉讼或者申请仲裁"。

2. 债权人在保证期间内起诉或者申请仲裁后，又撤诉或者撤回仲裁申请的，应当认定为债权人未行使保证权。

**总结梳理**

|  | 保证权的行使方式 | 起诉又撤诉 |
| --- | --- | --- |
| 连带责任保证 | 请求保证人 | 对保证人起诉又撤诉，起诉状副本送达的，保证权行使 |
| 一般保证 | 对债务人起诉、申请仲裁 | 对债务人起诉又撤诉的，保证权未行使 |

[法条链接]《民法典》第694条；《担保制度解释》第31条。

# 40 共同担保

## 一、共同担保的含义和分类

共同担保，是指2个或2个以上的担保人为一项债权提供的担保。在共同担保中，主债权人一方面享有主债权，另一方面享有2项或2项以上的担保权。

共同担保有三种形态：①共同人保，即共同保证；②共同物保；③共同人保和物保，即混合担保。

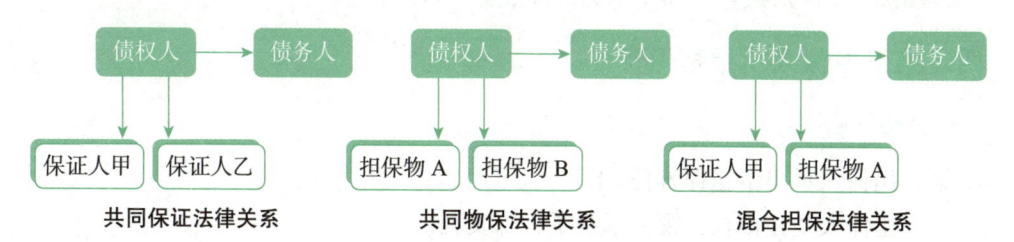

共同保证法律关系：债权人→债务人；保证人甲、保证人乙

共同物保法律关系：债权人→债务人；担保物A、担保物B

混合担保法律关系：债权人→债务人；保证人甲、担保物A

## 二、共同担保人的外部责任

### （一）概念

共同担保人的外部责任，是指在债务人到期未履行的情况下，各共同担保人向债权人所应承担的担保责任。

### （二）界定方法

1. 各担保人与主债权人约定各自承担担保责任的顺序、份额的，从其约定。
2. 各担保人与主债权人没有约定各自承担担保责任的顺序、份额或者约定不明确的：
（1）在共同保证、共同物保中，各担保人承担连带担保责任；
（2）在混合担保中，存在债务人提供的物保的，主债权人应当先对债务人提供的担保物行使担保物权。

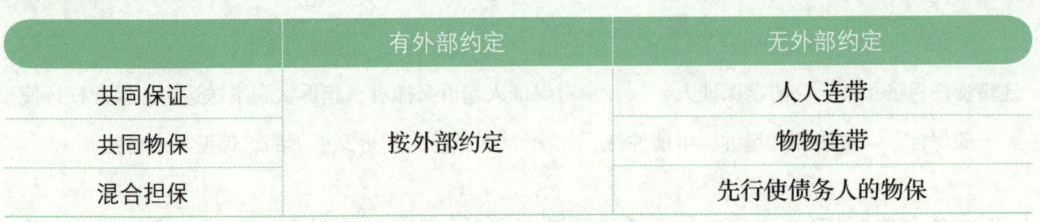

**总结梳理**

|  | 有外部约定 | 无外部约定 |
| --- | --- | --- |
| 共同保证 | 按外部约定 | 人人连带 |
| 共同物保 |  | 物物连带 |
| 混合担保 |  | 先行使债务人的物保 |

［法条链接］《民法典》第392条。

## 三、弃权与免责

在既有债务人提供担保，又有第三人提供担保的情况下，主债权人放弃债务人提供的担保物上的担保物权或者担保利益时，第三人在主债权人丧失优先受偿权益的范围内免除担保责任，但是第三人承诺仍然提供担保的除外。

**总结梳理**

| 债务人的物保 | 第三担保人 |
| --- | --- |
| 债权人放弃 | 放弃范围内免责 |

［法条链接］《民法典》第409条第2款、第435条。

## 四、第三担保人承担担保责任

### （一）情形

1. 第三担保人承担了担保责任。
2. 第三担保人受让债权，视为承担了担保责任。

3. 第三担保人代为履行债务。
4. 担保合同无效时，有过错的第三担保人承担了过错赔偿责任。

**一针见血** 上述情形均属于"第三担保人替债务人履行债务"，故具有相同的法律后果。

## （二）后果

第三担保人承担了担保责任或过错赔偿责任的，除当事人另有约定外，可享有"债权人对债务人的权利"，但不得损害债权人的利益。

1. 第三担保人在承担担保责任的范围内，对债务人享有追偿权。
2. 第三担保人的追偿权可以受到债务人向债权人所提供的担保权的担保。
3. 债权人的担保权与承担担保责任的第三担保人追偿权上的担保权竞存时，债权人的担保权优先受偿。
4. 承担担保责任的第三担保人可依法请求其他第三担保人分担。

**案情**：甲对乙有债权100万元，乙、张三提供房屋作为抵押，李四提供保证。

| 甲（债权人）的权利 |
| --- |
| ①甲对乙：债权100万元 |
| ②甲对乙：抵押权 |
| ③甲对张三：抵押权 |
| ④甲对李四：保证权 |

（1）李四向甲偿还100万元。

| 甲（债权人）的权利 | 李四的权利 |
| --- | --- |
| ①甲对乙：债权消灭 | ①李四对乙：债权（追偿权）100万元 |
| ②甲对乙：抵押权消灭 | ②李四对乙：抵押权 |
| ③甲对张三：抵押权消灭 | ③李四对张三：依法享有的分担请求权 |
| ④甲对李四：保证权消灭 | ④李四对李四：（无） |

（2）李四向甲偿还80万元。

| 甲（债权人）的权利 | | 李四的权利 | |
| --- | --- | --- | --- |
| ①甲对乙：债权20万元 | | ①李四对乙：债权（追偿权）80万元 | |
| ②甲对乙：抵押权 | 先受偿 | ②李四对乙：抵押权 | 后受偿 |
| ③甲对张三：抵押权 | | ③李四对张三：依法享有的分担请求权 | |
| ④甲对李四：保证权 | | ④李四对李四：（无） | |

[法条链接]《民法典》第700条；《担保制度解释》第18条。

## 五、共同担保人之间的分担请求权

### （一）概述

共同担保人之间的分担请求权，又称共同担保人之间的追偿权，是指在共同担保中，担保人请求其他担保人分担自己已承担的责任的权利。

### （二）条件

1. 各共同担保人之间约定承担连带共同担保责任或可以相互分担，但未约定分担份额。
2. 担保人之间未对相互追偿作出约定且未约定承担连带共同担保，但各共同担保人在同一份合同书上签字、盖章或按指印。

**一针见血** 共同第三担保人之间的关系：
- 不存在追偿权担保关系。
- 可依法存在分担关系。

[法条链接]《担保制度解释》第 13 条。

# 41 定 金

## 一、定金合同为实践合同

1. 定金交付的，定金合同成立。
2. 定金的数额不得超过总债额的 20%，超出部分不具有定金罚则的效力。

## 二、定金的分类

1. 违约定金，即以一方违约作为适用定金罚则条件的定金。
2. 解约定金，即以一方行使解除权作为适用定金罚则条件的定金。

**一针见血** 解约定金的理解：
当事人约定"任何一方解除合同，需承受定金罚则"，意味着：
- 任何一方均有权任意解除合同；
- 但要承受定金罚则。

3. 成约定金，即根据当事人的约定，以定金的交付作为主合同成立条件的定金。当事人约定成约定金的，从其约定，定金不交付，主合同不成立，但主合同的主要义务已经履行且对方接受的除外。

当事人对定金的性质约定不明的，推定为违约定金。

### 三、违约定金罚则

1. 守约方有权请求违约方承担定金罚则。
2. 双方均违约的，任何一方不得主张定金罚则。
3. 一方轻微违约，另一方严重违约的，轻微违约方有权主张定金罚则。
4. 因不可抗力导致合同不能履行的，不构成违约，任何一方不得主张定金罚则。

[法条链接]《民法典》第586、587条；《合同编通则解释》第67、68条。

**迷你案例**

案情：甲、乙订立买卖合同，约定甲以1万元的价格向乙出卖一批童装。乙向甲交付定金1000元。

问1：如果甲根本违约，如何适用定金罚则？
答案：甲应向乙返还2000元。

问2：如果乙根本违约，如何适用定金罚则？
答案：乙不得请求甲返还已付的定金。

问3：如果甲违约40%，如何适用定金罚则？
答案：甲应向乙返还1400元。

问4：如果乙违约40%，如何适用定金罚则？
答案：乙有权请求甲从已付定金中返还600元。

考点 41

## 第九讲 小综案例

**案情**

建设银行与甲公司、秦光明、宋大江订立书面的四方协议，约定建设银行借给甲公司100万元，甲公司以房屋A向建设银行设立抵押，若甲公司到期未履行还款债务，秦光明无条件向建设银行承担担保责任；宋大江以其对秦光明欠付的80万元借款债务向建设银行提供担保。四方协议订立后，甲公司办理了抵押登记手续。后甲公司未向建设银行履行到期债务，建设银行遂请求秦光明、宋大江承担担保责任，但遭到二人拒绝。建设银行于甲公司债务到期后的第3个月，将甲公司、秦光明、宋大江告上法庭，起诉状副本已经送达各被告人。后因与三名被告达成和解，建设银行撤回起诉。

## 问题

1. 秦光明向建设银行提供的是何种性质的担保？为什么？
2. 宋大江向建设银行提供的是何种性质的担保？为什么？
3. 秦光明是否有权拒绝承担抵押担保责任？为什么？
4. 宋大江是否有权拒绝承担保证责任？为什么？
5. 如果建设银行将对甲公司的债权转让给宋大江，宋大江可对甲公司行使什么权利？为什么？
6. 如果建设银行将对甲公司的债权转让给宋大江，宋大江可对秦光明行使什么权利？为什么？
7. 建设银行在债务到期后的第3个月对甲公司提起诉讼，这对于秦光明、宋大江的保证责任有何影响？为什么？
8. 如果建设银行在债务到期后的第3个月对甲公司提起诉讼后又撤回起诉，这对于秦光明、宋大江的保证责任有何影响？为什么？

## 答案

1. 连带责任保证。秦光明并未以特定财产提供担保，故为保证。秦光明允诺甲公司到期未履行还款债务，秦光明立即承担担保责任，表明了连带责任保证的意思，故为连带责任保证。

2. 一般限额保证。宋大江以其对秦光明的债务提供担保，其实并未以任何特定财产提供担保，仅是允诺将本应向秦光明偿还的80万元借款向建设银行偿还，故为限额保证。宋大江与建设银行并未约定承担担保责任的方式，故为一般限额保证。

3. 有权。混合担保中存在债务人的物保，且各担保人未与债权人约定承担担保责任的份额、顺序时，债权人应当先就债务人所提供的物保受偿。故秦光明有权要求建设银行先执行甲公司提供的房屋A上的抵押权。

4. 有权。首先，与秦光明相同，宋大江有权要求建设银行先执行甲公司提供的房屋A上的抵押权。其次，因宋大江与建设银行订立的保证合同中并未约定保证责任的承担方式，故为一般保证。基于此，宋大江还可以对建设银行主张先诉抗辩权，即要求建设银行对甲公司穷尽一切法律手段后，再要求自己承担保证责任。

5. 债权人向第三担保人转让债权，性质为第三担保人承担了担保责任。承担了担保责任的第三担保人可以享有"债权人对债务人的权利"。这意味着：首先，宋大江可以对甲公司行使追偿权；其次，宋大江对甲公司的追偿权可以受到甲公司向建设银行提供的房屋A上抵押权的担保。

6. 宋大江可以请求秦光明分担。债权人向第三担保人转让债权，性质为第三担保人承担了担保责任。在不能向债务人追偿的情况下，承担了担保责任的第三担保人可以请求在同一合同上签字的其他第三担保人分担其所承担的债务。

7. 建设银行在保证期间内行使了对秦光明、宋大江的保证权。首先，因宋大江与建设银行的保证合同未约定保证期间，故保证期间为主债务到期之日起6个月。其次，对于秦光明而言，连带责任保证的债权人应当在保证期间内"通知保证人"承担保证责任。建设银行在保证期间内对秦光明提起诉讼，起诉状副本送达秦光明，意味着建设银行对秦光明行使了保证权。最后，对于宋大江而言，一般保证的债权人应当在保证期间内以"对债务人提起诉讼或申请仲裁"的方式行使保证权。因此，建设银行在保证期间内对甲公司提起诉讼，起诉状副本送达甲公司,意味着建设银行对宋大江行使了保证权。

8. 首先,对于秦光明而言,建设银行行使了保证权。连带责任保证中,债权人对保证人起诉,起诉状副本送达保证人后,又撤回起诉的,债权人行使了保证权。其次,对于宋大江而言,建设银行没有行使保证权。一般保证的债权人在保证期间内,对债务人提起诉讼后又撤回起诉的,视为其未曾行使保证权。

> 既然今天没人识得星星一颗,
> 那么明日何妨做皓月一轮。

致奋进中的你

# 第10讲 LECTURE 10

# 合同的履行

## 42 合同的特殊履行方式

### 一、观念交付

观念交付，是指在动产标的物的占有外观不发生任何改变的情况下，仅凭当事人的意思，引起动产物权变动的交付。观念交付分为三种类型：

（一）简易交付

1. 简易交付，是指在动产标的物已先行转移于对方占有的情况下，通过与对方达成合意，引起物权变动的交付。
2. 简易交付引起物权变动的时间点，为处分标的物的合意达成之时。

**迷你案例**

案情：甲将电脑 A 出租给乙。在租赁期间，乙表示愿意购买电脑 A，甲表示同意（或乙向甲表示"电脑 A 出质给我吧"，甲表示同意）。
问题：乙何时取得电脑 A 的所有权（或质权）？
答案：甲、乙买卖合意（或质押合意）达成之时。

（二）占有改定

1. 占有改定，是指在一方保留动产直接占有的情况下，向对方转移动产所有权的交付。
2. 占有改定是由当事人的"物权性合意"（"它是你的了"）所引起，"债权性合意"

（"我愿意把它卖给你"）不能够引起占有改定。因此，占有改定引起物权变动的时间点，为"物权性合意"达成之时。

> **一针见血** 占有改定中"物权性合意"的表达方式：
> - ——"它是你的了。"——"好！"
> - ——"借我用几天。"——"好！"
> - ——"替你保管几天。"——"好！"
> - ——"过几天给你。"——"好！"

**迷你案例**

案情：3月10日，出卖人甲与买受人乙订立电脑A买卖合同，约定甲以5000元的价格将电脑A卖给乙。3月15日，甲、乙约定，现在电脑A归乙，甲继续使用10天后，再将其交给乙。3月25日，甲将电脑A交到乙手中。

问题：乙何时取得电脑A的所有权？

答案：3月15日。当事人于3月15日达成了"物权性合意"，完成了占有改定。

3. 当事人可依占有改定转移动产的所有权，但不得依占有改定设立动产质权；否则，视为质物未交付，物权不变动。

**迷你案例**

案情：甲欲将电脑A出质给乙。甲、乙约定，乙现在即取得电脑A的质权，甲继续使用电脑A 10天后，再将其交到乙手中。

问1：乙能否取得电脑A的质权？

答案：不能。甲、乙系以占有改定的方式设立动产质押，应界定为质物未交付，乙未取得电脑A的质权。

问2：甲、乙的质权合同是否有效？

答案：是。当事人以占有改定的方式设立质权的后果是视为其未曾交付，故质权不设立。但是，质押合同的债权效力依然有效。

### （三）指示交付

1. 指示交付，是指在动产由第三人占有的情况下，通过转让对该第三人的返还请求权的方式，引起物权变动的交付。

2. 指示交付引起物权变动的时间点，为处分人与受让人之间达成"返还请求权让与合意"之时。

**迷你案例**

案情：甲将电脑A出租给乙，租期3年。在租期内，甲与丙订立买卖合同，约定甲将电脑A出卖给丙。

问1：丙此时能否取得电脑A的所有权？

答案：不能。此时甲并未向丙交付。

问2：如果甲与丙订立买卖合同，在约定甲将电脑A出卖给丙的同时，还约定待乙租期届满后，由丙请求乙返还电脑A。丙此时能否取得电脑A的所有权？

答案：能。甲向丙完成了指示交付。

[法条链接]《民法典》第226~228条。

**一针见血** 观念交付的结构：
- 简易交付：我把你手里的动产交付给你。
- 占有改定：我把我手里的动产交付给你。
- 指示交付：我把他手里的动产交付给你。

## 二、抵销

抵销，是指当事人双方基于两个法律关系互负债务时，互负的债务相互充抵而归于消灭的法律事实。

### （一）法定抵销的积极条件

1. 一组当事人在两个法律关系中互享债权、互负债务。

**一针见血** 两种"互负债务"：

民法中，双务合同制度与抵销制度均涉及"互负债务"的问题，但是其各自的含义不同：
- 一组当事人在"一个法律关系"中互负债务，为双务合同。
- 一组当事人在"两个法律关系"中互负债务，为抵销结构。

2. 当事人所互负债务的标的物种类、品质相同。

3. 债权到期。在一组当事人基于两个法律关系互享同种类标的债权、互负同种类标的债务的情形中，"债权"到期的一方享有抵销权，有权主动与对方抵销。

**总结梳理**

```
                    债务②    法律关系②
                  ┌──────┐ ←──────── ┌──┐  债权② ➡ 到期 ➡ 乙有抵销权
甲有抵销权 ⬅ 到期 ⬅ │  甲  │          │乙│  债务①
                  └──────┘ ──────── └──┘
                    债权①    法律关系①
```

### （二）法定抵销权的消极条件

1. 债务人有抗辩权。

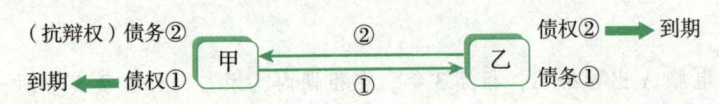

```
          (抗辩权) 债务②        ②        债权② ➡ 到期
                  ┌──┐ ←──────── ┌──┐
                  │甲│            │乙│
                  └──┘ ──────── └──┘
        到期 ⬅ 债权①         ①        债务①
```

（1）债权人可以主张抵销，但债务人主张抗辩权的除外；

（2）有抗辩权的债务人主张抵销的，不受限制。

> **迷你案例**
>
> 案情：甲对乙有借款债权 100 万元，已经届满诉讼时效。乙对甲有装修款债权 100 万元，已经到期。
>
> 问 1：甲能否主张抵销？
>
> 答案：能。但乙主张诉讼时效抗辩权的除外。
>
> 问 2：乙能否主张抵销？
>
> 答案：能。乙可以放弃自己的诉讼时效抗辩权利益。

2. 人身侵权、故意或重大过失的财产侵权之债。

```
        债务②   侵权之债②      债权②  →到期
到期← 债权①   甲 ←─────→ 乙   债务①
                    ①
```

（1）故意、重大过失侵害他人财产权益产生的损害赔偿债务，侵权人不得主张抵销；
（2）被侵权人主张抵销的，不受限制。

> **迷你案例**
>
> 案情：甲对乙有借款债权 30 万元，已经到期。因乙不还钱，甲愤然将乙的车砸坏（或将乙打伤），损失为 30 万元。
>
> 问 1：甲能否主张乙的还款债务与自己的赔修理费（或赔医疗费）债务抵销？
>
> 答案：不能。
>
> 问 2：乙能否主张自己的还款债务与甲的赔修理费（或赔医疗费）债务抵销？
>
> 答案：能。

3. 当事人约定不得抵销的债务，不得抵销。

### （三）抵销权的行使及其后果

1. 抵销权的行使方式，既可以是抵销权人通知对方当事人，也可以是抵销权人进行抗辩或提起诉讼、申请仲裁。

2. 抵销权的行使，不得附条件、附期限。

3. 行使抵销权的单方通知一经到达对方当事人，即发生抵销的法律后果，当事人在两个法律关系中互负的债务在抵销范围内同时归于消灭；有余额的，一方当事人仅履行此余额即可。

[法条链接]《民法典》第 568 条；《合同编通则解释》第 55 条。

## 三、以物抵债

以物抵债，是指债务人以他种给付代替其所负担的给付，从而使债归于消灭的情形。

以物抵债的本质，是一种债务履行标的的变通，即债务人以 B 给付代替其本来所应履行的 A 给付，而非债之双方废止旧债、缔结新债。

### （一）履行期限届满前达成的以物抵债协议

1. 协议有效。债权人可以在就原来的债权债务关系起诉的基础上，同时请求法院确认以物抵债协议的效力。

2. 债权人可以依据以物抵债协议，请求法院就抵债物变价受偿。

（1）抵债物所有权未转移的，债权人不得优先受偿；

（2）抵债物所有权已转移的，债权人可以优先受偿；

（3）以物抵债协议约定，债务人到期不履行债务，债权人取得抵债物所有权的，该约定因违反流质约款禁止规则而无效，但不影响协议其他部分的效力。

### （二）履行期限届满后达成的以物抵债协议

1. 不存在影响合同效力情形的，合意达成即可成立。

2. 债权人应当先请求债务人履行以物抵债协议：

（1）以物抵债协议履行的，相应范围内债务消灭；

（2）债务人未履行以物抵债协议，经催告在合理期限内仍不履行的，债权人可以择一选择：既可以选择让债务人履行以物抵债协议，也可以选择让债务人履行原来的债务，但是法律另有规定或者当事人另有约定的除外。

[法条链接]《合同编通则解释》第 27 条第 1、2 款，第 28 条。

**总结梳理**

|  | 法律规则 |
|---|---|
| 期后以物抵债协议 | ①先履行以物抵债协议；②以物抵债协议到期不履行，债权人二选一。 |
| 期前以物抵债协议 让与担保 | ①债务到期不履行，变价受偿；②能否优先受偿，看是否交付、登记；③流质约款无效。 |

### （三）以物抵债法律文书

1. 民事执行中的以物抵债裁定书

民事执行中的以物抵债裁定书，一经送达债权人，引起物权变动。

2. 民事审判中的以物抵债确认书、调解书

民事审判中的以物抵债确认书、调解书，不能引起物权变动，也不能对抗善意第三人。

[法条链接]《民法典》第 229 条；《合同编通则解释》第 27 条第 3 款。

**迷你案例**

案情：甲借给乙 100 万元，乙到期未还，甲遂向法院提起诉讼。在诉讼过程中，甲、乙约定，乙以房屋 A 向甲抵债，法院对此出具了以物抵债确认书。随后，乙将房屋 A 出卖

给丙，并为丙办理了过户登记。甲胜诉后，申请对乙强制执行。在执行过程中，甲、乙又约定，乙以汽车B向甲抵债，法院对此出具了以物抵债裁定书，并向甲送达。

问1：法院出具房屋A的以物抵债确认书后，房屋A是谁的？
答案：乙的。审判程序中的以物抵债确认书、调解书，不能引起物权变动。

问2：甲能否依据法院所出具的房屋A的以物抵债确认书，阻止丙取得房屋A的所有权？
答案：不能。审判程序中的以物抵债确认书、调解书，不能对抗善意第三人。

问3：法院出具汽车B的以物抵债裁定书后，汽车B是谁的？
答案：甲的。执行程序中的以物抵债裁定书，一经送达债权人，可引起物权变动。

## 四、代为履行

### （一）合法利益第三人的代为履行

1. 原则上，对债务的履行具有"合法利益"的第三人代为履行的，债权人不得拒绝受领。

2. 合法利益第三人的范围
(1) 在债务人财产上享有民事权利，且不能对抗强制执行的人；
(2) 债务人的近亲属、出资人或设立人；
(3) 担保人。

**总结梳理**

| | 债务人财产上 | 担保人财产上 |
|---|---|---|
| 财产权利人 | 他物权人、债权人 | |
| 其他 | 近亲属、出资人或设立人 | 担保人自己 |

**迷你案例**

案情：甲银行借给乙公司100万元，丙向甲银行提供保证。在借款期间，①乙公司将机器设备A抵押给张三，未办理抵押登记；②与李四订立买卖合同，约定乙公司将房屋B出卖给李四，但未交付房屋B，也未办理过户登记。此外，③丙将土地C为王五设立地役权，但未经登记；④将房屋D出租给赵六，尚未交付。

问1：如果乙公司到期不向甲银行偿还借款，导致乙的机器设备A被执行，对张三的影响是什么？
答案：张三的抵押权只能在甲银行对机器设备A的价值受偿后，就剩余部分受偿。因为张三的动产抵押权未经登记，不得对抗执行申请人。

问2：如果乙公司到期不向甲银行偿还借款，导致乙的房屋B被执行，对李四的影响是什么？

答案：李四的买受人债权不能实现。因为李四的债权不得对抗法院的强制执行。

问3：如果乙公司到期不向甲银行偿还借款，导致丙的土地C被执行，对王五的影响是什么？

答案：王五的地役权消灭。因为王五的地役权未经登记，不得对抗法院的强制执行。

问4：如果乙公司到期不向甲银行偿还借款，导致丙的房屋D被执行，对赵六的影响是什么？

答案：赵六的租赁权不能实现。因为赵六未占有房屋D，不得主张买卖不破租赁之保护。

问5：张三、李四、王五、赵六对乙公司债务的履行，是否具有合法利益？

答案：是。其均为具有合法利益的第三人。

### （二）第三人代为履行的后果

代为履行的第三人可享有"债权人的权利"。

1. 第三人对债务人享有追偿权。
2. 第三人的追偿权可受到债权人原本享有的任何担保权的担保。
3. 债权人的担保权优先于追偿权人的担保权受偿。

> **注意**：第三担保人代为履行的，适用"第三担保人承担担保责任"的法律后果。

**总结梳理**

**案情**：甲对乙有债权100万元，乙、李四提供房屋作为抵押。

| 甲（债权人）的权利 |
| --- |
| ①甲对乙：债权100万元 |
| ②甲对乙：抵押权 |
| ③甲对李四：抵押权 |

（1）马小芸代为履行100万元。

| 甲（债权人）的权利 | 马小芸的权利 |
| --- | --- |
| ①甲对乙：债权消灭 | ①马小芸对乙：债权（追偿权）100万元 |
| ②甲对乙：抵押权消灭 | ②马小芸对乙：抵押权 |
| ③甲对李四：抵押权消灭 | ③马小芸对李四：抵押权 |

（2）马小芸代为履行80万元。

| 甲（债权人）的权利 | | 马小芸的权利 | |
| --- | --- | --- | --- |
| ①甲对乙：债权20万元 | | ①马小芸对乙：债权（追偿权）80万元 | |
| ②甲对乙：抵押权 | 先受偿 | ②马小芸对乙：抵押权 | 后受偿 |
| ③甲对李四：抵押权 | | ③马小芸对李四：抵押权 | |

第三担保人代为履行的，适用"第三担保人承担担保责任"的法律后果。

### （三）次承租人代为履行

因承租人拖欠租金，出租人欲解除合同的，"合法转租"的次承租人可代承租人支付租金，并承担其他违约责任，以阻止合同的解除。

[法条链接]《民法典》第524条、第719条第1款；《合同编通则解释》第30条。

## 43 履行的对象：债务人负担数笔同种类债务的履行

### 一、界定的问题

债务人对债权人负债数笔，目标的相同，债务人履行了一部分，但是履行数额并不能清偿其全部负债，且债务人未指定其履行的债务，在此种情况下，需要界定的是，债务人所履行的债务是其所负担的"数笔"债务中的"哪一笔"。

### 二、规则

1. 债权人与债务人对清偿的债务或者清偿抵充顺序有约定的，从其约定。
2. 没有约定且债务人未作指定的，应当优先抵充已到期的债务。
3. 几项债务均已到期的，优先抵充缺乏担保或者担保数额最少的债务。
4. 均无担保或者担保数额相同的，优先抵充负担较重的债务。
5. 负担相同的，按照债务到期的先后顺序抵充。
6. 到期时间相同的，按比例抵充。

**总结梳理**

| | |
|---|---|
| （1）有约定，按约定 | |
| （2）无约定且债务人未作指定，第一次看时间（到期、未到期） | 优先抵充已到期的债务 |
| （3）均到期，看担保 | 优先抵充缺乏担保或者担保数额最少的债务 |
| （4）均无担保或者担保数额相同，看主债 | 优先抵充负担较重的债务 |
| （5）债额相同，第二次看时间（先到期、后到期） | 按照债务到期的先后顺序抵充 |
| （6）到期时间相同，按比例抵充 | |

**迷你案例**

案情：甲借给乙A、B、C三笔钱，分别为2万元、4万元、4万元。上述债务按照A、B、

C 顺序先后均已到期，且均有足额担保。经查，乙对甲享有货款债权 5 万元，已经到期。现乙通知甲双方抵销，但未约定抵销的是哪一笔债务。

问题：乙所抵销的是哪一笔债务？

答案：4 万元 B 债务全部抵销，4 万元 C 债务抵销 1 万元。

[法条链接]《民法典》第 560 条；《合同编通则解释》第 56 条第 1 款。

## 44 无权处分

### 一、基本结构

所有权人 —— 无权处分人 ——（无权处分）—— 受让人

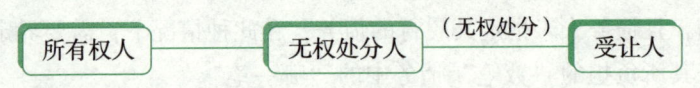

#### （一）债权合同有效

在无权处分的情况下，合同的债权效力不受无权处分的影响。只要符合有效要件，合同即有效。

#### （二）无权处分受让人的取得途径

1. 所有权人追认的，受让人可以继受取得。
2. 符合善意取得法定要件的，受让人可以善意取得。

### 二、买卖预告登记后的再处分

出卖人 ——（买卖预告登记）—— 买受人
再处分 ↓
受让人

#### （一）买卖预告登记后再处分的法律后果

1. 债权合同有效。
2. 未经预告登记的权利人同意，受让人不能取得物权。

**一针见血** 买卖预告登记后再处分的"受让人不能取得"：
再处分行为的性质为无权处分。

- 未经预告登记的权利人同意，受让人不能继受取得。
- 预告登记本身的存在，导致受让人也不能善意取得。

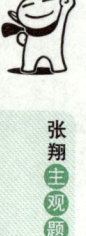

## （二）失效

1. 预告登记的不动产买受人的债权消灭的，预告登记失效。例如，预告登记的债权实现、不动产买卖合同解除等。

2. 自能够进行不动产登记之日起 90 日内未申请登记的，预告登记失效。

[法条链接]《民法典》第 221 条。

### 迷你案例

案情：甲与开发商乙订立房屋 A 买卖合同后，办理了预告登记。现乙未经甲的同意，将房屋 A 出卖给丙，并办理了过户登记。

问 1：乙、丙的买卖合同，效力如何？

答案：有效。预告登记后再处分的，不影响合同的债权效力。

问 2：丙能否取得房屋 A 的所有权？

答案：不能。因甲未同意，丙不能继受取得房屋 A 的所有权；因存在预告登记，丙也不能善意取得。

问 3：如果自甲能够办理过户登记之日起半年后，乙未经甲的同意，将房屋 A 出卖给丙，并办理了过户登记，丙能否取得房屋 A 的所有权？

答案：能。乙为丙办理过户登记时，预告登记已经失效，故丙可以取得房屋 A 的所有权。

## 三、异议登记后的再处分

### （一）异议登记后再处分的法律后果

1. 债权合同有效。

2. 异议登记不成立时，不动产登记人处分该不动产的行为，性质为有权处分，受让人可以继受取得物权。

3. 异议登记成立时，不动产登记人处分该不动产的行为，性质为无权处分，受让人不能取得物权。

### 一针见血 ▶ 异议登记后的再处分：

异议登记成立，再处分行为的性质为无权处分。

- 未经权利人同意，受让人不能继受取得。
- 异议登记本身的存在，导致受让人也不能善意取得。

## （二）失效

1. 异议人自异议登记之日起 15 日内不起诉请求法院审理异议、确认物权的，异议登记失效。
2. 异议登记失效的，不影响异议人确权之诉的提起。

[法条链接]《民法典》第 220 条第 2 款。

> **迷你案例**
>
> 案情：甲为房屋 A 的登记人。乙将甲诉至法院，请求法院确认自己才是房屋 A 的所有权人。法院经审理，判决乙胜诉，且判决书已经生效。
>
> 问 1：判决书生效时乙才取得房屋 A 的所有权吗？
> 答案：否。乙对甲提起的诉讼为物权确认之诉，其判决书生效意味着房屋 A 一直是乙的。
>
> 问 2：如果在判决书生效前，甲将房屋 A 出卖给不知情的建设银行，并办理了过户登记：
> 问❶：甲的行为是有权处分还是无权处分？
> 答案：无权处分。根据法院判决，房屋 A 一直是乙的，故甲是将乙的房屋 A 出卖给建设银行，其性质为无权处分。
> 问❷：建设银行能否取得房屋 A 的所有权？
> 答案：能。因房屋 A 登记在甲的名下，故建设银行可以善意取得房屋 A 的所有权。
> 问❸：对乙产生何种影响？
> 答案：乙对于房屋 A 的所有权消灭，只能请求甲赔偿损失。
>
> 问 3：如果在起诉前，乙已经办理了异议登记，且在判决书生效前，甲将房屋 A 出卖给建设银行，并办理了过户登记：
> 问❶：建设银行能否取得房屋 A 的所有权？
> 答案：不能。甲将房屋 A 出卖给建设银行，性质为无权处分。因乙已经办理了异议登记，故建设银行不能善意取得房屋 A 的所有权。
> 问❷：若经查，乙在办理异议登记后 1 个月才向法院提起物权确认之诉，则建设银行能否取得房屋 A 的所有权？
> 答案：能。因甲将房屋 A 出卖给建设银行时乙的异议登记已经失效，视为乙未曾办理过异议登记，故建设银行可以善意取得房屋 A 的所有权。

## 四、出质的股权、知识产权、应收账款债权的转让

```
出质人 ──（质押登记）── 质权人
  │
 转让
  ↓
受让人
```

出质人在质押期间，将出质的股权、知识产权、应收账款债权对外转让的，法律后果是：

## （一）经质权人同意

1. 受让人可以继受取得。
2. 出质人转让所得的价金，应当向质权人提前清偿债务或者提存。

## （二）未经质权人同意

1. 受让人不能取得出质的权利。
2. 受让人代为清偿债务消灭质权的，无需再经质权人同意，即可取得出质的财产权利。

> **一针见血** 出质的股权、知识产权、应收账款债权转让时，受让人取得出质的权利的两条途径：
> - 质权人同意。
> - 受让人代为履行。

[法条链接]《民法典》第443~445条。

### 迷你案例

**案情**：甲为担保自己在乙银行的借款，将股权出质给了乙银行，并办理了质权登记手续。现甲与丙订立股权转让合同，约定将股权转让给丙。

**问1**：如果乙银行同意甲对丙的股权转让，丙能否取得该股权？

**答案**：能。出质的股权、知识产权、应收账款债权转让，经质权人同意的，即为有权处分，受让人可以继受取得。此时，甲转让股权所得的价款应当向乙银行提前清偿债务或者提存。

**问2**：如果乙银行不同意甲对丙的股权转让，但丙代甲向乙银行偿还了借款，丙能否取得该股权？

**答案**：能。出质的股权、知识产权、应收账款债权转让，受让人代为履行债务的，质权消灭，受让人可以继受取得。

**问3**：如果乙银行不同意甲对丙的股权转让，且丙也未代甲向乙银行偿还借款，丙能否取得该股权？

**答案**：不能。出质的股权、知识产权、应收账款债权转让，未经质权人同意且受让人也未代为履行的，性质为无权处分，受让人不能继受取得。因质权已经登记，故受让人也不能善意取得。

### 总结梳理

| 无权处分形态 | 债权合同 | 权利人追认 | 善意取得 |
| --- | --- | --- | --- |
| 出卖、抵押、出质 | 有效 | 继受取得 | 符合条件，可以 |
| 买卖预告登记+再处分 | | | 不可以 |
| 异议登记+异议成立+再处分 | | | |
| 出质的股权、知识产权、应收账款债权转让 | | | |

## 45 善意取得

### 一、善意取得的一般条件

```
甲 —— 乙 —— 丙
（所有权人）（处分人）（受让人）
```

1. 乙为无权处分，但具有权利外观。

有权处分只涉及继受取得，不涉及善意取得。

2. 乙、丙之间存在债权合同。

(1) 该合同具有约束力。若乙、丙之间的债权合同无效或被撤销，丙不能善意取得。

(2) 乙将甲的财产转让给丙的，乙、丙之间的合同需等价有偿。

3. 丙为善意。

(1) 消极善意，即丙不知道且不应当知道乙为无权处分。

(2) 积极善意，即乙虽为无权处分，但具有权利外观，可以使丙相信其为有权处分。

具体包括：

❶ 甲的不动产，在乙的登记之下；
❷ 甲的普通动产，在乙的占有之下；
❸ 甲的交通运输工具，在乙的登记之下。

**迷你案例**

案情：乙将甲停放在院子里的自行车出卖给不知情的丙，谎称车是自己的，车钥匙丢了。

问题：丙是否构成善意？

答案：否。因乙并没有占有该自行车，丙虽不知情，但不应当相信乙有权处分该自行车，故丙不能善意取得。

4. 乙向丙交付、登记。

(1) 乙向丙无权处分不动产时，需为丙办理不动产登记；

(2) 乙向丙无权处分动产时，需向丙交付动产。

[法条链接]《民法典》第311条第1款。

## 总结梳理

|  | 处分人：权利外观 | 受让人：善意 | 合　同 | 交付或登记 |
| --- | --- | --- | --- | --- |
| 不动产 | 登　记 | ①不知情<br>②相信权利外观 | ①有约束力<br>②等价有偿 | 登　记 |
| 普通动产 | 占　有 | | | 交　付 |
| 交通运输工具 | 登　记 | | | |

## 二、遗失物的善意取得

甲 ——— 乙 ——— 丙
（失主）　（拾得人）　（受让人）

### （一）失主对受让人的返还请求权

1. 遗失物被处分的，失主有权自知道或者应当知道遗失物受让人之日起2年内，向受让人请求返还原物。
2. 遗失物上的留置权人，不对失主承担返还义务。

**迷你案例**

案情：甲的电脑遗失，被乙拾得后，以合理对价出卖给不知情的丙，并向丙交付。

问1：甲能否请求丙返还电脑？

答案：能。甲可自知道或应当知道丙之日起2年内，请求丙返还电脑。

问2：如果乙拾得电脑后，将电脑交予丁修理。丁修好电脑后，乙不支付修理费，丁依法留置该电脑，甲能否请求丁返还电脑？

答案：不能。留置权人并非"遗失物受让人"，其对遗失物的占有为有权占有，故甲不得请求丁返还电脑。

### （二）失主对受让人返还请求权的行使方式

1. 原则上，失主"自知道或者应当知道遗失物受让人之日起2年内"有权请求受让人返还原物，无需支付受让人所付的费用。受让人所遭受的损失，向其前手追偿。
2. 在如下两种情况下例外：
（1）受让人通过拍卖购得该遗失物；
（2）受让人向具有经营资格的经营者购得该遗失物。

**迷你案例**

案情：甲的电脑遗失，被乙拾得后，以合理对价出卖给不知情的电脑销售商。

问1：甲能否请求电脑销售商返还电脑？

答案：能。甲自知道或应当知道电脑销售商之日起2年内，有权请求电脑销售商返还电脑。

问2：甲请求电脑销售商返还电脑，是否需要支付对价？

答案：否。电脑销售商并非通过拍卖或从有经营资格的经营者处购得电脑，故甲请求其返还电脑无需支付对价。

问3：如果在甲对电脑销售商的返还请求权2年期间尚未届满的情况下，电脑销售商又以合理对价将电脑出卖给不知情的丙，甲能否请求丙返还电脑？

答案：能。甲自知道或应当知道丙之日起2年内，有权请求丙返还电脑。

问4：甲请求丙返还电脑，是否需要支付对价？

答案：是。丙系从有经营资格的电脑销售商处购得电脑，故甲请求丙返还电脑需支付对价。

[法条链接]《民法典》第312条。

## 第十讲 小综案例

### 案情

2024年3月5日，甲公司与乙公司订立买卖合同，约定甲公司分别以100万元的价格将机器设备A、B出卖给乙公司，乙公司应当在2024年5月15日支付机器设备A、B的价款。为担保甲公司的机器设备A的价金债权，乙公司将货车抵押给甲公司，宋大江将其在大路公司的20%股权出质给甲公司。因机器设备A正由丙公司租赁，故甲、乙公司订立《补充协议》，约定待丙公司的租期届满后，乙公司可请求丙公司返还机器设备A。该项约定达成后，甲公司向丙公司通知了此事。及至2024年5月15日，乙公司向甲公司支付价款100万元。经查，机器设备A是江南公司让甲公司保管之物。

2024年5月20日，宋大江与秦光明订立股权转让合同，约定宋大江将出质给甲公司的股权转让给秦光明，但甲公司对此并不知情。经查，2020年，乙公司曾借给秦光明100万元，秦光明到期未还，现已届满诉讼时效。

2024年6月10日，秦光明将登记在自己名下的房屋C以100万元的价格出卖给马小芸。同日，双方订立《抵债协议1》，约定若马小芸到期不支付房屋C的价款，则以字画D抵偿债务。双方订立买卖合同后，马小芸将字画D交付给秦光明。由于花小荣1个月前已经就房屋C办理了异议登记，且已经向法院提起了确权之诉，案件正在审理中，因此，马小芸要求秦光明办理了买卖预告登记。2024年7月15日，法院作出生效判决，确认房屋C归属于秦光明，秦光明遂为马小芸办理了过户登记。

2024年9月5日，马小芸的房屋C价款债务到期。因无力履行，马小芸又与秦光明订立《抵债协议2》，约定马小芸将汽车E向秦光明抵偿房屋C的价款债务。

### 问题

1. 2024年5月15日，乙公司向甲公司支付的100万元价款是哪一台机器设备的价款？为什么？
2. 甲公司能否追究乙公司就机器设备A迟延付款的违约责任？为什么？
3. 乙公司能否取得机器设备A的所有权？若能，系何时取得？为什么？
4. 秦光明取得宋大江转让的股权的条件是什么？为什么？
5. 甲公司能否拒绝受领秦光明对机器设备A价款的代为履行？为什么？
6. 秦光明代为履行后，对乙公司享有哪些民事权利？为什么？
7. 秦光明代为履行后，向乙公司追偿的，乙公司能否主张抵销权？为什么？
8. 如果法院判决房屋C归花小荣所有，马小芸能否取得房屋C的所有权？为什么？
9. 2024年7月15日，法院判决房屋C归秦光明所有后，如果秦光明又将房屋C出卖给沈玉菲，沈玉菲能否取得房屋C的所有权？为什么？
10. 2024年9月5日后，根据《抵债协议1》，秦光明可以如何保护自己的房屋C的价款债权？为什么？
11. 2024年9月5日后，根据《抵债协议2》，秦光明可以如何保护自己的房屋C的价款债权？为什么？

### 答案

1. 机器设备B的价款。因为甲公司对乙公司的两项价款债权同时到期，但机器设备A的价款债权有乙公司、宋大江提供担保，而机器设备B的价款债权没有担保，故优先抵充没有担保的债权。
2. 能。机器设备A是江南公司让甲公司保管的，甲公司将其出卖给乙公司构成无权处分。在无权处分下，债权合同依然有效，乙公司迟延履行有效合同的价款债务，应承担违约责任。
3. 能，取得时间是《补充协议》生效时。首先，甲公司将其对丙公司租期届满后的返还请求权转让给乙公司，构成指示交付。指示交付，自返还请求权转让约定生效时发生物权变动。其次，甲公司将江南公司的机器设备A出卖给乙公司，构成无权处分。乙公司基于甲公司的占有，有理由相信机器设备A是甲公司的，且双方约定的对价合理，乙公司符合善意取得的条件，可以善意取得机器设备A的所有权。
4. 秦光明代乙公司支付机器设备A的价款。因为出质的股权、知识产权、应收账款债权的转让为无权处分，受让人取得该权利，或经质权人同意，或代为履行。
5. 不能。因为秦光明对宋大江转让的股权具有合法利益，构成合法利益第三人。合法利益第三人代为履行的，债权人不得拒绝受领。
6. 秦光明对乙公司享有追偿权，且对乙公司的货车享有抵押权，以担保其追偿权的实现。因为第三人代为履行的，可享有"债权人的权利"。

7. 能,但秦光明主张诉讼时效抗辩权的除外。借款关系中,因乙公司对秦光明享有的借款债权已到期,故乙公司可对秦光明主张抵销权;又因秦光明对借款债务享有诉讼时效抗辩权,故若其主张抗辩,则乙公司不能主张抵销权。

8. 不能。此时,秦光明对马小芸构成无权处分,因花小荣异议登记的存在,马小芸应当知道房屋 C 有可能不是秦光明的,故纵然秦光明为马小芸办理了过户登记,马小芸也不能善意取得。

9. 不能。因马小芸买卖预告登记的存在,故纵然秦光明为沈玉菲办理了过户登记,沈玉菲也不能善意取得。

10. 秦光明可以主张就字画 D 变价并优先受偿。因履行期届满前的以物抵债协议为担保合同,故债权人有权就抵债物变价受偿;又因动产抵债物已经交付,故债权人有权优先受偿。

11. 秦光明可以请求交付汽车 E;若马小芸未如约交付,秦光明可以选择请求支付价款或交付汽车 E。履行期届满后的以物抵债协议订立后,债权人需先请求履行以物抵债协议;以物抵债协议不履行的,债权人有权选择请求履行原债或以物抵债协议。

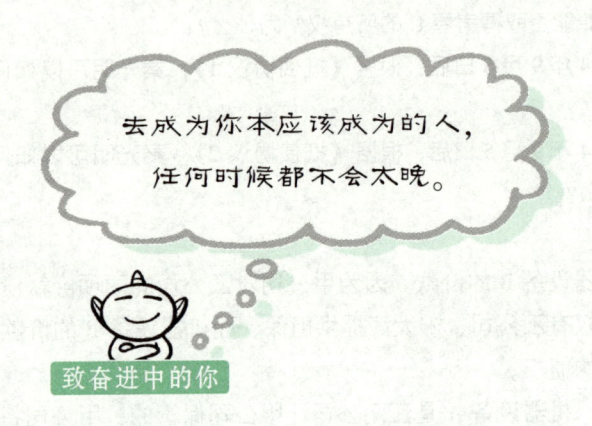

# 第11讲 LECTURE 11

# 履行顺序与优先权

## 46 同一标的多重交易的履行顺序

### 一、普通动产多重买卖的履行顺序

不属于交通运输工具的动产即为普通动产。普通动产多重买卖，每一个买卖合同均有效，且买受人均要求实际履行合同的，出卖人的履行顺序规则是：

1. 占有者优先，即先行受领交付的买受人有权请求确认所有权已经转移。

2. 先支付价款者优先，即各买受人均未受领交付的，先行支付价款的买受人有权请求出卖人履行交付标的物等合同义务。

3. 合同成立在先者优先，即各买受人均未受领交付，也未支付价款的，依法成立在先合同的买受人有权请求出卖人履行交付标的物等合同义务。

[法条链接]《买卖合同解释》第6条。

### 二、交通运输工具多重买卖的履行顺序

车辆、船舶、航空器等交通运输工具多重买卖，每一个买卖合同均有效，且买受人均要求实际履行合同的，出卖人的履行顺序规则是：

1. 占有者优先，即先行受领交付的买受人有权请求出卖人履行办理所有权转移登记手续等合同义务。

2. 过户登记者优先，即各买受人均未受领交付的，先行办理所有权转移登记手续的买受人有权请求出卖人履行交付标的物等合同义务。

3. 合同成立在先者优先，即各买受人均未受领交付，也未办理所有权转移登记手续的，依法成立在先合同的买受人有权请求出卖人履行交付标的物和办理所有权转移登记手续等合同义务。

4. 占有优先于登记，即出卖人将标的物交付给买受人之一，又为其他买受人办理了所有权转移登记的，已受领交付的买受人有权请求出卖人将标的物所有权登记在自己名下。

［法条链接］《买卖合同解释》第 7 条。

### 三、一房数租的履行顺序

一房数租，每个租赁合同均有效，且各承租人均请求出租人向自己履行租赁合同的，应按照下列顺序确定履行合同的承租人：

1. 已经合法占有租赁房屋的。
2. 已经办理登记备案手续的。
3. 合同成立在先的。
4. 占有优先于登记。

［法条链接］《城镇房屋租赁合同解释》第 5 条第 1 款。

**总结梳理**

|  | 普通动产多重买卖 | 交通运输工具多重买卖 | 一房数租 |
|---|---|---|---|
| ① |  | 占有者优先 |  |
| ② | 先支付价款者优先 | 过户（租赁备案）登记者优先 |  |
| ③ |  | 合同成立在先者优先 |  |

### 四、同一债权多次转让

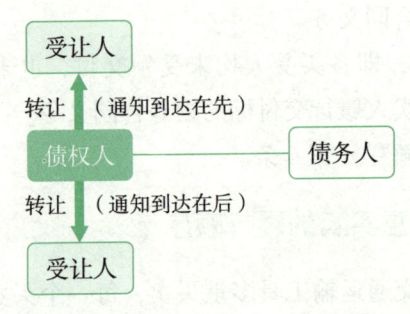

1. 债权多次转让的，债务人应当向通知最先到达的受让人履行。
2. 债务人向通知后到达的受让人履行的：
（1）履行对象不正确，债务不消灭。
（2）"通知最先到达的受让人"请求"通知后到达的受让人"返还财产的：
❶ 原则上，不可以；

❷但是,"通知后到达的受让人"知道或应当知道"通知最先到达的受让人"之存在的除外。

3. 债权多次转让的,不能获得履行的受让人有权请求债权人承担违约责任。

> **迷你案例**
>
> 案情:甲对乙有债权 100 万元。甲与丙订立债权转让合同,约定甲将其对乙的 100 万元债权转让给丙,并通知了乙。1 周后,甲又与丁订立债权转让合同,约定甲将其对乙的 100 万元债权转让给丁,也通知了乙。
>
> 问 1:乙应向谁偿还 100 万元?
>
> 答案:丙的通知先到达,乙应向丙履行。乙向丙履行后,乙的债务消灭。
>
> 问 2:乙向丙偿还 100 万元后,丁能否追究甲的违约责任?
>
> 答案:能。
>
> 问 3:如果乙向丁偿还了 100 万元:
>
> 问❶:丙能否请求乙再向自己偿还 100 万元?
>
> 答案:能。乙向丁履行,对象不正确,债务不消灭。
>
> 问❷:丙能否请求丁向自己返还 100 万元?
>
> 答案:原则上不能,但是丁知道或应当知道"丙的通知在先"之事的除外。

[法条链接]《民法典》第 768 条;《担保制度解释》第 66 条第 1 款;《合同编通则解释》第 50 条第 1 款。

# 47 优先权

## 一、按份共有人的优先购买权

由于共有份额系按份共有人自己的财产,故按份共有人转让其共有份额无需其他共有人同意。但是,按份共有人对外转让共有份额时,其他共有人在同等条件下享有优先购买权。

```
甲 30%  ┐
乙 30%  ├─ 房屋A
丙 40%  ┘
   ↓         ↓
 共有份额   共有物
```

> **一针见血** 按份共有人优先购买权的对象：
>
> 按份共有人的优先购买权是对其他共有人"共有份额"的优先购买权，而非对"共有物"的优先购买权。

### （一）条件

1. 共有份额、对外转让

（1）按份共有人对内转让共有份额的，其他按份共有人不享有优先购买权，但按份共有人之间另有约定的除外；

（2）共有份额的权利主体因继承、遗赠等原因发生变化的，其他按份共有人不享有优先购买权，但按份共有人之间另有约定的除外。

2. 同等条件。按份共有人对外转让共有份额，其他按份共有人是否行使其享有的优先购买权，需要以知道按份共有人对外转让的条件为前提。

### （二）多个按份共有人的优先购买权

2个以上按份共有人均主张优先购买权且协商不成时，按照转让时各自在共有财产中占有的份额比例行使优先购买权。

### （三）侵害优先购买权的后果

按份共有人对外转让共有份额，侵害其他按份共有人优先购买权的，如未通知其他按份共有人，导致其他按份共有人未能行使优先购买权，其他按份共有人有权主张损害赔偿，但不得主张共有份额转让合同无效。

[法条链接]《民法典》第305、306条；《最高人民法院关于适用〈中华人民共和国民法典〉物权编的解释（一）》第9、12、13条。

## 二、承租人优先购买权

### （一）优先购买权人

只有房屋承租人才享有优先购买权，动产承租人并不享有此项权利。

### （二）出租人的事先通知义务

出租人在合理期限内事先通知的意义，在于为承租人主张优先购买权提供条件。

1. "合理期限内"的界定

（1）原则上，出租人应当在出卖前15日通知承租人；

（2）出租人委托拍卖人拍卖租赁房屋的，应当在拍卖5日前通知承租人。

2. 出租人侵害承租人优先购买权的法律后果

（1）承租人有权请求出租人承担赔偿责任；

（2）承租人无权请求确认出租人与第三人签订的房屋买卖合同无效。

### （三）优先购买权的限制

具备如下情况之一的，房屋承租人不得主张优先购买权：

1. 房屋共有人行使优先购买权的。
2. 出租人将房屋出卖给近亲属的，包括配偶、父母、子女、兄弟姐妹、祖父母、外祖父母、孙子女、外孙子女。
3. 出租人履行通知义务后，承租人在 15 日内未明确表示购买的。
4. 出租人拍卖租赁房屋，承租人未参加拍卖的。
5. 买受人已经办理登记手续的。

**总结梳理**

| 适　用 | 限制（受让人太厉害或承租人弃权） | 其　他 |
| --- | --- | --- |
| 房屋租赁 | 受让人太厉害：（1）房屋共有人行使优先购买权（2）出租人将房屋出卖给近亲属（3）第三人购买并登记 | （1）提前通知时间：一般提前15日；拍卖提前5日（2）出租人侵害优先购买权：○可以向出租人索赔○但不得主张买卖无效 |
| | 承租人弃权：（4）承租人15日内未明确表示购买（5）承租人未参加拍卖 | |

[法条链接]《民法典》第 726~728 条。

**一针见血** 租赁部分不动产承租人的优先购买权：
承租部分不动产的，不动产整体转让，承租人不享有优先购买权。

**迷你案例**

案情：甲将 10 层楼中的一层出租给乙。租赁期间，甲欲将该楼整体转让给丙。
问题：乙能否主张优先购买权？
答案：不能。承租部分不动产的承租人，在不动产整体转让的情况下，不享有优先购买权。

### 三、承租人的优先承租权

租赁期限届满，房屋承租人享有以同等条件优先承租的权利。
[法条链接]《民法典》第 734 条第 2 款。

### 四、建设工程优先权

建设工程优先权，是指发包人迟延支付工程款，承包人可对所建工程变价优先受偿的权利。

1. 主体
（1）承包人，即与发包人订立建设工程合同的人；
（2）建设工程合同无效，但工程验收合格的，承包人"参照合同支付工程款"的债权，依然可受到建设工程优先权的担保。

## 2. 行使期限

建设工程优先权的行使期限为 18 个月，自发包人应当给付建设工程价款之日起计算。

## 3. 优先受偿的范围

（1）承包人基于建设工程优先权，可以优先受偿的工程款债权包括承包人为建设工程所支付的工作人员报酬、材料款等费用；

（2）承包人不得基于建设工程优先权，优先受偿因发包人违约所造成的损失。

[法条链接]《民法典》第 807 条；《建设工程施工合同解释（一）》第 35、40、41 条。

**一针见血** 建设工程优先权的优先受偿范围：

承包人工程款债权的全部，均可从建设工程变价中受偿。但承包人基于建设工程优先权可从建设工程变价中优先受偿的，仅为工程款债权的一部分。

## 4. 优先受偿的顺位

（1）第一顺位：在房屋不能交付且无实际交付可能的情况下，商品房消费者的价款返还请求权；

（2）第二顺位：建设工程优先权；

（3）第三顺位：抵押权。

[法条链接]《建设工程施工合同解释（一）》第 36 条；《最高人民法院关于商品房消费者权利保护问题的批复》第 3 条。

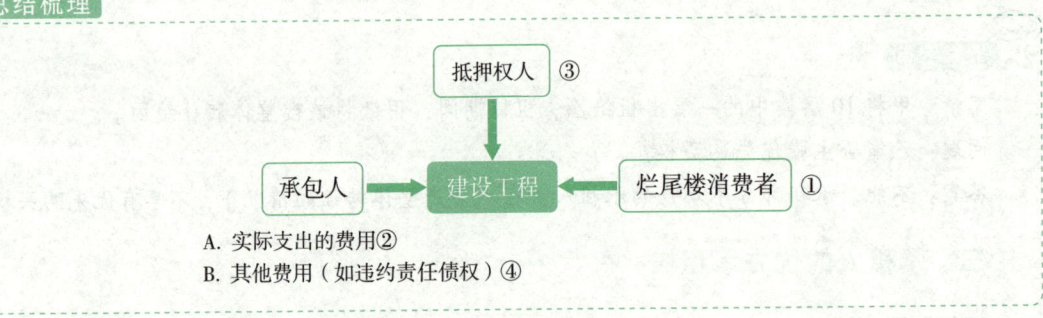

**总结梳理**

```
           抵押权人 ③
              ↓
承包人 → 建设工程 ← 烂尾楼消费者 ①
A. 实际支出的费用 ②
B. 其他费用（如违约责任债权）④
```

# 第十一讲

# 小综案例

**案情**

科达公司与南湖公司订立买卖合同，约定科达公司以 100 万元的价格购买南湖公司的机器设备 A。合同订立后，科达公司得知，南湖公司与科达公司订立合同后，又将该机器设备 A 出卖给大路公司，但尚未向大路公司交付，大路公司也未支付价款。

南湖公司向科达公司交付机器设备 A 后，将对科达公司的债权转让给建设银行，并通知了科达公司。1 周后，南湖公司又将该债权转让给工商银行，也通知了科达公司。于是，科达公司向工商银行支付了 100 万元价金。

科达公司与天成建筑公司（以下简称"天成公司"）订立建设工程合同，约定天成公司为科达公司承建"东方星座"商品房。工程建至 15 楼时，因科达公司未如约支付工程款，天成公司反复催告未果，遂停工。经查：①科达公司此前已经将"东方星座"商品房抵押给民生银行，用以担保其从民生银行的贷款，办理了抵押登记；②向民生银行办理抵押登记后，科达公司将已经建成的"东方星座"1001 号房屋出租给秦光明，该房屋已经交付；③科达公司还将尚未建成的"东方星座"1801 号房屋出卖给支付了全款的李二逵。

后来，科达公司向天成公司支付了工程款，"东方星座"竣工并验收合格。随后，科达公司将"东方星座"2001 房屋出卖给熊大、李四，并办理了过户登记，登记载明熊大、李四按照 6∶4 的比例按份共有该房屋。1 周后，熊大、李四将该房屋出租给红光公司。在租赁期间，熊大欲将其共有份额转让给其弟熊二。

### 问 题

1. 南湖公司应向谁交付机器设备 A？为什么？
2. 科达公司向工商银行支付价金后，建设银行是否有权请求科达公司再次向自己支付价金？为什么？
3. 科达公司向工商银行支付价金后，建设银行能否请求工商银行向自己返还该笔价金？为什么？
4. 如果因"东方星座"工程烂尾，民生银行主张抵押权，天成公司就其整个工程款债权主张建设工程优先权，李二逵要求退还购房款。对于"东方星座"工程的变价，受偿顺位如何？
5. 如果民生银行因行使抵押权，将"东方星座"建成部分整体变价，秦光明能否主张买卖不破租赁之保护？为什么？
6. 如果民生银行因行使抵押权，将"东方星座"建成部分整体变价，秦光明能否主张优先购买权？为什么？
7. 熊大欲将其共有份额转让给熊二，李四能否享有同等条件下的优先购买权？为什么？
8. 熊大欲将其共有份额转让给熊二，且李四放弃优先购买权，红光公司能否享有同等条件下的优先购买权？为什么？

### 答 案

1. 科达公司。普通动产多重买卖，均未交付，也未支付价款的，买卖合同成立在先的买受人优先受偿。
2. 有权。建设银行的通知先到达，故科达公司向工商银行履行，对象不正确，债务不消灭。
3. 原则上不能，但是工商银行知道或应当知道建设银行的通知在先的除外。
4. 李二逵——天成公司"实际支出费用"部分的工程款债权——民生银行的抵押权——天成公

司的剩余部分工程款债权。
5. 不能。民生银行的抵押权登记在先，秦光明租赁在后，秦光明不得主张买卖不破租赁之保护。
6. 不能。建筑物整体变价的，部分承租人不得主张优先购买权。
7. 能。按份共有人对外转让共有份额，其他按份共有人可在同等条件下优先购买，且无需考虑受让人是否为近亲属的问题。
8. 不能。受让人为出租人的近亲属的，承租人不得主张优先购买权。

> 人一能之，己百之；
> 人十能之，己千之。

致奋进中的你

# 第 12 讲 抗辩权

## 48 诉讼时效抗辩权

### 一、诉讼时效期间届满的法律后果

1. 权利人有权起诉。
（1）法院不得以届满诉讼时效为由，不予受理；
（2）法院不得以届满诉讼时效为由，裁定驳回起诉。
2. 法院需被动适用诉讼时效。
（1）义务人未提出诉讼时效抗辩的，法院不应对诉讼时效问题进行释明及主动适用诉讼时效的规定进行裁判。
（2）义务人在一审期间未提出诉讼时效抗辩，在二审期间提出的，法院不予支持。但是，基于"新的证据"能够证明权利人的请求权已过诉讼时效期间的情形除外。
（3）义务人在原审中未提出诉讼时效抗辩，以诉讼时效期间届满为由申请再审的，法院不予支持。
3. 义务人放弃诉讼时效抗辩权，或自愿履行债务的，不得反悔。
[法条链接]《民法典》第192、193条；《最高人民法院关于审理民事案件适用诉讼时效制度若干问题的规定》第2、3条。

## 二、主债诉讼时效届满对担保责任的影响

### （一）主债诉讼时效届满对"以登记为公示方法的担保物权"的影响

1. "以登记为公示方法的担保物权"包括：
（1）抵押权；
（2）股权质权；
（3）知识产权质权；
（4）应收账款质权。
2. 债权人在主债诉讼时效内未行使抵押权的，抵押权消灭。
3. 债权人在主债诉讼时效内仅起诉债务人，经判决或者调解后未在执行期间内对债务人申请强制执行的，抵押权消灭。

[法条链接]《民法典》第419条；《担保制度解释》第44条第1、3款。

**迷你案例**

案情：甲从乙银行借款，丙以房屋A向乙银行抵押，并办理了抵押登记。

问1：如果甲到期未向乙银行偿还借款，乙银行始终未对甲主张债权，也未对丙主张抵押权，现借款合同诉讼时效已经届满，则乙银行请求丙承担抵押担保责任，丙能否拒绝？

答案：能。乙银行未在主债诉讼时效期间内行使抵押权，抵押权消灭。

问2：如果甲到期未向乙银行偿还借款，乙银行在主债诉讼时效期间内对甲提起诉讼，胜诉后未在执行期间内申请法院对甲强制执行，则乙银行请求丙承担抵押担保责任，丙能否拒绝？

答案：能。乙银行未在主债执行期间内申请法院对债务人强制执行，抵押权消灭。

### （二）主债诉讼时效届满对"以占有为公示方法的担保物权"的影响

1. "以占有为公示方法的担保物权"包括：①动产质权；②有价证券质权；③留置权。
2. 主债诉讼时效届满的，担保物权人仍可以拒绝返还担保物。
3. 主债诉讼时效届满的，担保人可以拒绝担保物权人对所占有的担保财产变价受偿。

**一针见血** 诉讼时效期间届满对以占有为公示方法的担保物权的影响：

- 因诉讼时效届满，以占有为公示方法的担保物权不消灭，故担保物权人对担保物的占有仍为有权占有，其无需返还担保物。
- 因诉讼时效届满，担保人享有债务人的诉讼时效抗辩权，故其可拒绝担保物权人就担保物变价受偿。

4. 担保物权人同意返还担保物，或担保人同意对担保财产变价受偿的，予以支持。

[法条链接]《担保制度解释》第44条第2、3款。

### 迷你案例

**案情**：甲从乙银行借款，丙以机器设备 A 向乙银行出质，并且交付。甲到期未向乙银行偿还借款，乙银行始终未对甲主张债权，也未对丙主张质权。现借款合同诉讼时效已经届满。

**问 1**：丙请求乙银行返还机器设备 A，乙银行能否拒绝？

**答案**：能。主债诉讼时效届满，质权并不消灭，故乙银行有权占有机器设备 A。

**问 2**：乙银行主张对机器设备 A 变价受偿，丙能否拒绝？

**答案**：能。主债诉讼时效届满，丙可以对乙银行主张甲的诉讼时效抗辩权。

### 总结梳理

| 公示方法 | 担保物权类型 | 主债届满诉讼时效的后果 |
| --- | --- | --- |
| 登 记 | 抵押权、股权质权、知识产权质权、应收账款质权 | 担保物权消灭（届满执行期间一样） |
| 占 有 | 动产质权、有价证券质权、留置权 | 担保物不用返还、不能变价，协商除外 |

## 49 担保人的债务人抗辩权

### 一、一般原理

1. 债务人对债权人享有抗辩权的，担保人有权以之抗辩债权人，拒绝承担担保责任。

2. 债务人对债权人享有抗辩权的，债务人放弃抗辩权，担保人的债务人抗辩权不受影响。

3. 担保人明知债务人有抗辩权，仍然为债权人提供担保的，不得享有债务人的抗辩权。

### 二、担保人追偿权与抗辩权的关系

1. 债务人对债权人享有抗辩权的，承担担保责任的担保人不得向债务人追偿，但债务人同意给付的情形除外。

2. 债务人对债权人享有抗辩权，但放弃该权利的，承担担保责任的担保人可以向债务人追偿。

## 总结梳理

| 情　　　形 | 担保人可否抗辩 | 担保人承担担保责任 |
|---|---|---|
| 债务人有抗辩权且未放弃 | 可以抗辩 | 不能追偿 |
| 债务人有抗辩权但放弃 | 可以抗辩 | 可以追偿 |
| 担保人明知债务人有抗辩权仍做担保 | 不能抗辩 | ⊙有抗辩权未放弃，不能追偿<br>⊙有抗辩权但放弃，可以追偿 |

[法条链接]《民法典》第701条；《最高人民法院关于审理民事案件适用诉讼时效制度若干问题的规定》第18条；《担保制度解释》第20条。

### 迷你案例

案情：甲与乙订立买卖合同，约定甲将一批货物以10万元的价格出卖给乙，甲交货后1个月内乙付款。丙与甲订立抵押合同，以机器设备为甲的价金债权设立抵押，并办理了抵押登记手续。现甲向乙交付的货物质量不符合约定，无法使用。

问1：乙能否拒绝向甲支付价款？

答案：能。乙享有先履行抗辩权。

问2：如果甲请求丙承担抵押担保责任，则丙能否拒绝？

答案：能。担保人可以享有债务人的抗辩权。

问3：如果丙向甲承担了担保责任，则其可否向乙追偿？

答案：不可以。担保人未行使债务人的抗辩权，承担了担保责任后，不可以向债务人追偿。

问4：如果乙向甲表示放弃先履行抗辩权，那么：

问❶：乙能否拒绝向甲支付价款？

答案：不能。乙放弃了先履行抗辩权。

问❷：若甲请求丙承担抵押担保责任，则丙能否拒绝？

答案：能。担保人对债务人抗辩权的享有，具有独立性。

问❸：若丙向甲承担了担保责任，则其可否向乙追偿？

答案：可以。债务人放弃抗辩权后，担保人未行使债务人的抗辩权的，其在承担了担保责任后，可以向债务人追偿。

## 50 双务合同抗辩权

### 一、双务合同的认定

双务合同是"一个"合同。当事人双方在一个合同法律关系中互负的债务,才是双务合同中的"双务",才具有互为对待性的关系,才有履行抗辩权。

**一针见血** "互负债务"的两种情形:
- 当事人双方在一个法律关系中互负债务,为双务合同关系。
- 当事人双方在两个法律关系中互负债务,为抵销关系。

### 二、双务合同的三种履行抗辩权

#### (一)同时履行抗辩权

1. 同时履行抗辩权,以双务合同的当事人双方应同时履行互负的债务为前提。
2. 同时履行抗辩权为当事人双方所享有。
3. 同时履行抗辩权在诉讼、执行中的适用
(1)原告诉请被告履行合同,被告主张同时履行抗辩权,但未提起反诉的,法院应当判决在原告履行债务的"同时",被告履行债务;
(2)只有在原告履行债务"之后",法院才对被告强制执行。
4. 在当事人双方均主张同时履行抗辩权的情况下,任何一方当事人均没有违约责任可言。

#### (二)先履行抗辩权

1. 先履行抗辩权,又称顺序履行抗辩权,以双务合同的当事人双方债务的履行存在先后顺序为前提。
2. 先履行抗辩权为后履行义务的当事人一方所享有。
3. 先履行抗辩权场合,因先履行一方已经构成现实违约,故后履行一方在享有先履行抗辩权的同时,还有权请求先履行一方承担现实违约责任。

#### (三)不安抗辩权

1. 不安抗辩权,以双务合同的当事人双方债务履行存在先后顺序为前提。
2. 不安抗辩权,为先履行一方当事人所享有。
3. 先履行一方根据不安事由,有权中止履行债务,并及时通知对方。
(1)后履行一方恢复履行能力,或者提供适当担保的,先履行一方应恢复履行;

(2) 后履行一方在合理期限内未恢复履行能力，且未提供适当担保的，先履行一方有权解除合同，并追究对方的预期违约责任。

> **迷你案例**
>
> 案情：甲与乙订立买卖合同，约定甲先交货，乙后付款。
> 问1：如果甲未如约交货，现乙的债务到期，则：
> 问❶：乙能否拒绝付款？凭什么？
> 答案：能。凭先履行抗辩权。
> 问❷：乙能否追究甲的违约责任？
> 答案：能。乙可追究甲的现实违约责任。
> 问2：如果甲债务到期时，得知乙经营状况恶化，则：
> 问❶：甲能否拒绝交货？凭什么？
> 答案：能。凭不安抗辩权。
> 问❷：若乙未在合理期限内恢复履行能力或提供适当担保，则甲怎么办？
> 答案：甲有权解除合同，并追究乙的预期违约责任。

> **一针见血** 双务合同抗辩权的一个前提：
> 主张同时履行抗辩权、先履行抗辩权、不安抗辩权的一方的债务必须到期。
> [法条链接]《民法典》第525~528条；《合同编通则解释》第31条第2、3款。

> **总结梳理**
>
> | | 抗辩权人 | 抗辩内容 | 对方的违约责任 |
> |---|---|---|---|
> | 同时履行抗辩权 | 双 方 | "你不给，故我不给" | 无违约责任 |
> | 先履行抗辩权 | 后履行方 | "你原到期没给，故我现到期不给" | 现实违约责任 |
> | 不安抗辩权 | 先履行方 | "我担心你未来不给，故我现在不给" | 预期违约责任 |

### 三、等价抗辩原则

1. 含义

等价抗辩原则，是指双务合同抗辩权的主张，抗辩权人拒绝履行的范围应当与对方不履行的范围相适应。

2. 前提

抗辩权人的债务为可分债务。

## 51 赠与人的撤销权

### 一、赠与人的任意撤销权

1. 赠与人的任意撤销权没有积极条件,即无需法定事由,具有"任意性"。
2. 已经公证的赠与合同,以及依法不得撤销的具有救灾、扶贫等公益、道德义务性质的赠与合同,不得任意撤销。

### 二、赠与人的赠与拒绝权

1. 赠与人的赠与拒绝权,需以赠与人的经济状况显著恶化,严重影响其生产经营或者家庭生活为前提。
2. 赠与财产权利转移之后,赠与人不得主张赠与拒绝权。

**迷你案例**

案情:甲公司与乙希望小学约定,甲公司以 100 万元相赠。现款项尚未交付,甲反悔。

问 1:甲能否行使任意撤销权?

答案:否。事关公益的赠与,不得任意撤销。

问 2:甲能否行使赠与拒绝权?

答案:甲能够证明自己的经济状况显著恶化,影响其生产、生活的,可以。

### 三、赠与人的法定撤销权

1. 法定撤销权的条件
（1）受赠人严重侵害赠与人或者赠与人近亲属的合法权益;
（2）受赠人对赠与人有法定扶养义务而不履行;
（3）在附义务的赠与合同中,受赠人不履行赠与合同约定的义务。
2. 赠与人行使法定撤销权的法律后果
（1）赠与财产权利已经转移的,赠与人一经行使法定撤销权,即有权请求受赠人返还赠与财产;
（2）赠与财产权利尚未转移的,赠与人一经行使法定撤销权,即有权不再实施财产的赠与。

**一针见血** 法定撤销权的功能:

法定撤销权既是"不给了"的权利,也是"要回来"的权利。

[法条链接]《民法典》第658条、第663条第1款、第666条。

### 总结梳理

| | 权利目的 | 法定事由 |
|---|---|---|
| 任意撤销权 | 不给了 | 公证、公益赠与不得任意撤销。 |
| 赠与拒绝权 | | 赠与人的经济状况显著恶化。 |
| 法定撤销权 | 要回来<br>不给了 | ①受赠人严重侵害赠与人及其近亲属的合法权益；<br>②受赠人不履行法定扶养义务；<br>③受赠人不履行赠与合同约定的义务。 |

## 第十二讲 小综案例

**案情**

甲银行借给乙公司100万元。为担保甲银行的借款债权，张三以房屋A设立抵押，并办理了登记；李四以汽车B出质，并且交付；王五提供连带责任保证。借款到期后，乙公司未如约还款，甲银行也未催要并行使担保权。3年后，甲银行对乙公司提起诉讼，请求其偿还借款本息，乙公司仅以公司经营困难为由提出抗辩，一审法院遂判决乙公司履行还款债务。乙公司提起上诉，以诉讼时效届满为由再次抗辩。经审理，二审法院改判乙公司无需履行债务。二审判决生效后，甲银行经与乙公司沟通，在获得了乙公司放弃诉讼时效抗辩权的书面声明后，通知各担保人承担担保责任，各担保人均表示拒绝。

1年后，乙公司与田七订立买卖合同，约定乙公司以100万元的价格向田七出卖100件A型设备，田七需支付预付款20万元，在乙公司交付货物的同时，田七支付余款80万元。合同订立后，田七支付了预付款。及至交货日，乙公司未交付货物，田七也未支付余款。随后，田七对乙公司提起诉讼，请求交付100件A型设备，乙公司则提出同时履行抗辩权，但未反诉请求田七支付余款80万元。

半年后，马小芸与田七约定，马小芸赠送给田七100万元，但田七需与马小芸订立长期供货合同。该赠与合同已经公证。

**问题**

1. 一审法院的判决是否正确？为什么？

2. 乙公司在二审中能否提出诉讼时效抗辩？为什么？
3. 张三能否拒绝承担抵押担保责任？为什么？
4. 李四能否拒绝承担质押担保责任，并请求甲银行返还出质的汽车 B？为什么？
5. 王五能否拒绝承担连带责任保证？为什么？
6. 如果王五承担了保证责任，则其可否向乙公司追偿？为什么？
7. 对于田七的诉讼请求，乙公司能否主张同时履行抗辩权？为什么？
8. 针对田七的诉讼请求，法院应如何判决？
9. 如果法院判决生效后，田七并未履行法院判决，乙公司也仅交付了 20 件 A 型设备，乙公司能否申请法院对田七强制执行？为什么？
10. 马小芸与田七订立赠与合同后，能否拒绝赠与？为什么？
11. 如果马小芸将 100 万元交付给田七后，田七拒绝与马小芸订立长期供货合同，则马小芸怎么办？为什么？

**答案**

1. 正确。债务人未提出诉讼时效抗辩权的，法院不得主动适用诉讼时效制度或者向债务人释明，故乙公司未提出诉讼时效抗辩权，法院只能判决乙公司履行债务。
2. 原则上不能，除非有新的证据。债务人在一审中未提出诉讼时效抗辩权，在二审中提出的，除非有新的证据，否则二审法院不予支持。
3. 能。债权人未在主债诉讼时效内行使抵押权的，抵押权消灭。乙公司放弃诉讼时效抗辩权的书面声明对前述判断没有影响。
4. 首先，李四可拒绝承担质押担保责任。主债诉讼时效届满后，非经担保人同意，债权人不得对其所占有的担保物变价受偿。其次，李四不得请求返还出质的汽车 B。主债诉讼时效届满后，质权并不消灭，故质权人对质物的占有仍为有权占有。乙公司放弃诉讼时效抗辩权的书面声明对前述判断没有影响。
5. 能。主债诉讼时效届满后，保证人可以对债权人主张债务人的诉讼时效抗辩权。乙公司放弃诉讼时效抗辩权的书面声明对前述判断没有影响。
6. 可以。债务人享有抗辩权，担保人承担担保责任的，不得向债务人追偿，但债务人放弃其抗辩权的除外。
7. 乙公司只能就 80 件 A 型设备主张同时履行抗辩权。因为乙公司的交货义务为可分义务，且田七已经支付预付款 20 万元，到期不履行的价金仅有 80 万元，故乙公司不能就 100 件 A 型设备的交货义务均主张抗辩。
8. 首先，判令乙公司交付 20 件 A 型设备；其次，判令在田七支付余款 80 万元的同时，乙公司交付剩余 80 件 A 型设备。
9. 不能。乙公司向田七交付剩余 80 件 A 型设备后，才可请求法院对田七强制执行。
10. 不能。因赠与合同已经公证，故马小芸不能根据任意撤销权拒绝赠与。
11. 马小芸可凭赠与人的法定撤销权撤销赠与合同，并请求田七返还赠与的 100 万元。

# 第13讲 LECTURE 13

# 违约责任

## 52 违约责任的构成：是否承担违约责任？

### 一、客运合同中承运人对旅客人身损害的违约责任

（一）旅客的界定

旅客，是指与承运人存在客运合同关系的人。旅客身份是追究承运人违约责任的逻辑前提。其范围包括：

1. 持票旅客。
2. 免票旅客。
3. 持优待票旅客。
4. 经承运人许可搭乘的无票旅客。

（二）客运合同中承运人对旅客人身损害的违约赔偿责任

客运合同中，承运人对旅客人身损害的违约赔偿责任的承担，采取无过错责任原则。其免责事由有二：

1. 旅客人身损害是旅客自身健康原因造成的。
2. 旅客人身损害是旅客故意、重大过失造成的。

**迷你案例**

案情：旅客甲在火车行驶中遭受人身损害。

问1：如果甲是被乙不慎烫伤，则承运人是否承担违约赔偿责任？

答案：是。甲是旅客，且不存在承运人的免责事由。

问2：如果甲是在火车行驶中将头伸出车窗外受伤，则承运人是否承担违约赔偿责任？

答案：否。尽管甲是旅客，但因甲故意或重大过失导致损害，构成免责事由，承运人可以免责。

[法条链接]《民法典》第823条。

## 二、不动产抵押合同的违约责任

基于不动产抵押合同的债权效力，若抵押人未如约向债权人办理抵押登记，则抵押人未履行自己在抵押合同中所负的债务。在此基础上：

1. 因"可归责于"抵押人自身的原因导致不能办理抵押登记的，债权人有权请求抵押人承担违约责任，但不应超过抵押物价值及主债额。

2. 因"不可归责于"抵押人自身的原因导致不能办理抵押登记的，债权人不得请求抵押人承担违约责任。但是，抵押人已经获得保险金、赔偿金或者补偿金等的，债权人有权请求抵押人在其所获金额范围内承担赔偿责任，但不具有优先效力。

[法条链接]《担保制度解释》第46条第2、3款。

# 53 违约责任的主体：谁承担违约责任？

## 一、融资租赁物品质瑕疵担保责任

### （一）承租人追究出卖人的品质瑕疵违约责任

1. 前提：出租人、承租人、出卖人三方约定，由承租人追究出卖人的违约责任。

2. 出租人导致承租人索赔失败的赔偿责任

（1）出租人未履行协助义务，导致索赔失败的，出租人向承租人承担赔偿责任；

（2）出租人明知租赁物有质量瑕疵而不告知承租人，导致索赔失败的，出租人向承租人承担赔偿责任。

**一针见血** 出租人未协助、明知缺陷未告知的赔偿责任性质：

出租人因此承担的赔偿责任，是因其过错导致承租人向出卖人索赔失败而承担的赔偿责任，而非因租赁物瑕疵而承担的品质瑕疵违约责任。

### （二）承租人追究出租人的品质瑕疵违约责任

1. 前提：承租人依赖出租人的技能确定租赁物或者出租人干预承租人的选择。

2. 后果：承租人不仅有权请求出租人承担违约责任，而且有权请求减免租金。

[法条链接]《民法典》第741~743条；《最高人民法院关于审理融资租赁合同纠纷案件适用法律问题的解释》第8条第1款。

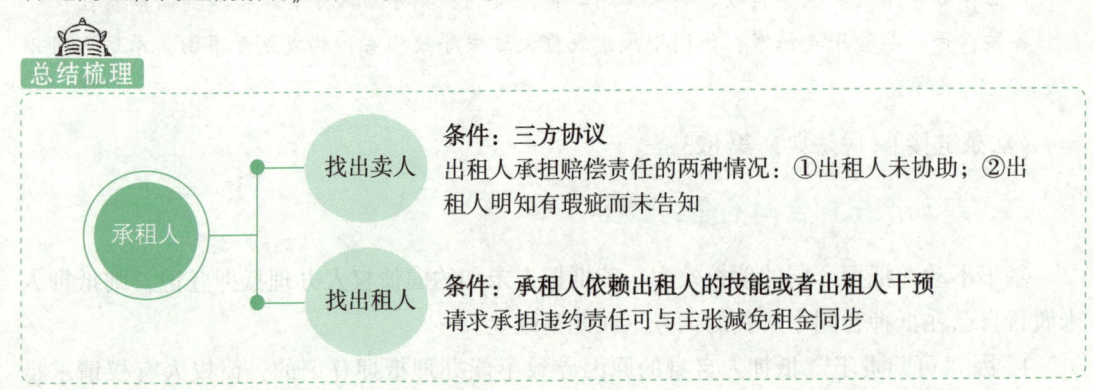

**总结梳理**

承租人
- 找出卖人
  条件：三方协议
  出租人承担赔偿责任的两种情况：①出租人未协助；②出租人明知有瑕疵而未告知
- 找出租人
  条件：承租人依赖出租人的技能或者出租人干预
  请求承担违约责任可与主张减免租金同步

## 二、建设工程合同的诉讼

### （一）工程质量诉讼

发包人 → 承包人 → 实际施工人

因建设工程质量发生争议的诉讼，不考虑建设工程合同的相对性限制。具体而言：

1. 因承包人的原因导致建筑质量瑕疵的，发包人可以承包人为被告提起诉讼。
2. 因实际施工人的原因导致建筑质量瑕疵的：
（1）发包人可以承包人、实际施工人为共同被告提起诉讼，承包人、实际施工人应对发包人承担连带责任；
（2）承包人承担责任的，有权向实际施工人追偿。
3. 缺乏资质的单位或者个人借用有资质的建筑施工企业名义签订建设工程施工合同，发包人请求双方对建设工程质量不合格等因出借资质造成的损失承担连带赔偿责任的，法院应予支持。

### （二）工程款诉讼

因工程款引发的诉讼，适用债权人的代位权规则。如前所述，债权人的代位权涉及三方当事人，即债权人、债务人、次债务人，其与建设工程合同的当事人对应如下：

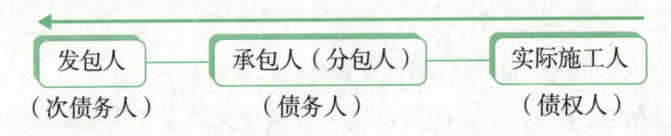

发包人 ← 承包人（分包人） ← 实际施工人
（次债务人）　　（债务人）　　　　（债权人）

1. 实际施工人可以分包人为被告提起诉讼，即债权人有权对债务人提起原债之诉。
2. 分包人可以发包人为被告提起诉讼，即债务人也有权对次债务人提起原债之诉。
3. 实际施工人可以发包人为被告提起诉讼，即债权人还有权对次债务人提起代位权之诉。

### 迷你案例

案情：甲将工程发包给乙，乙将部分工程分包给丙。现工程竣工验收合格，甲未向乙支付工程款，乙也未向丙支付工程款。

问1：丙能否对乙诉请工程款？

答案：能。乙、丙之间存在建设工程合同。

问2：乙能否对甲诉请工程款？

答案：能。甲、乙之间存在建设工程合同。

问3：丙能否对甲诉请工程款？

答案：能。丙可以在甲欠付工程款的范围内直接向甲诉请工程款，此时，法院应当将乙列为无独立请求权第三人。

### （三）建设工程诉讼与工程款诉讼的合并审理

发包人在承包人提起的工程款诉讼中，以建设工程质量不合格为由，就承包人提出反诉的，法院可以合并审理。

[法条链接]《建设工程施工合同解释（一）》第7、15、16、43、44条。

## 54 非金钱之债的无需继续履行

### 一、继续履行的含义

继续履行，是指在债务人构成违约的情况下，根据债权人的请求，债务人应当按照合同约定的内容，继续履行合同债务的违约责任形态。

### 二、非金钱之债的无需继续履行

在以下情况下，非金钱之债的债务人有权拒绝债权人继续履行的请求：

1. 法律不能，即基于法律上的原因，债务已经不可能继续履行。

### 迷你案例

案情：甲将房屋A出卖给乙。办理过户登记之前，甲又将房屋A出卖给丙，并办理了过户登记手续。

问题：乙能否请求甲继续履行？

答案：不能。甲对乙的履行构成法律不能，故乙不得请求甲继续履行过户义务，而只能请求甲承担其他的违约责任。

2. 事实不能，即基于事实上的原因，债务已经不可能继续履行。

> **迷你案例**
>
> 案情：甲有车A，与乙订立该车A的买卖合同。甲向乙交车的前夕，车A自燃。
> 问题：乙能否请求甲继续履行？
> 答案：不能。甲对乙的履行构成事实不能，故乙不得请求甲继续履行交车义务，而只能请求甲承担其他的违约责任。

3. 债务的标的不适于强制履行，如劳务之债。但是，债权人可以请求债务人负担由第三人替代履行的费用。

> **迷你案例**
>
> 案情：甲、乙订立委托合同，约定由甲为乙办理A事务。现甲不愿意履行自己的债务。
> 问题：乙能否请求甲继续履行？
> 答案：不能。劳务之债不可强制，故乙不得请求甲继续履行。但是，乙可重新委托他人办理此项事务，并请求甲承担替代履行的费用。

4. 债务履行费用过高。
5. 债权人在合理期限内未请求履行。

在上述无需继续履行的非金钱之债中，当事人有权以诉讼或仲裁方式，主张终止合同的权利义务关系。

[法条链接]《民法典》第580条。

## 55 违约赔偿损失

违约责任中的赔偿损失，是指债务人应当赔偿因其违约给债权人所造成的损失。

### 一、直接利益损失

直接利益损失，是指因债务人违约给债权人已经造成的实际损失。直接利益损失的赔偿旨在恢复原状，即把债权人的财产利益恢复到合同履行之前的状态。

> **一针见血** 直接利益损失的赔偿：
> 债务人对因违约造成债权人直接利益损失的赔偿责任，不问债务人可否预见。

> **迷你案例**
>
> 案情：甲购买了乙航空公司的机票。因乙航空公司违约，导致甲在机场滞留1天。

问题：甲对其滞留机场期间支付的食宿费用，是否有权请求乙航空公司赔偿？
答案：有权。甲滞留机场所花的食宿费用为乙航空公司违约给甲造成的直接利益损失。

## 二、可得利益损失

可得利益损失，是指如果债务人正确履行债务，债权人由此本可得到却未得到的利益损失。可得利益损失赔偿，需符合"预见性规则"：

1. 一般规则
（1）债务人的预见。
（2）合同成立时债务人的预见。债务人与债权人"订立合同时"所能预见的债权人可得利益的损失，才属于赔偿范围。

**迷你案例**

案情：甲、乙订立买卖合同，约定甲以100万元的价格将一个青花瓷瓶出卖给乙。随后，乙又与丙订立买卖合同，约定乙将该青花瓷瓶以200万元的价格出卖给丙。因甲不慎将该青花瓷瓶损坏，无法向乙交货，导致丙解除了与乙的合同。

问题：乙能否请求甲对100万元可得利益进行赔偿？

答案：不能。甲与乙订立合同时，甲不能预见乙的可得利益，对此笔损失，甲不负赔偿责任。

2. "差价"构成可得利益损失
（1）交易差价
❶债务人违约，债权人解除合同，并实施"替代交易"的，有权按照"替代交易"与"原交易"的差价主张可得利益赔偿；
❷"替代交易"价格明显背离正常价格的除外。
（2）市场差价
债务人违约，债权人没有实施"替代交易"的，债权人有权按照"合同价格"与"违约行为发生后合理期间内合同履行地的市场价格"的差价，主张可得利益赔偿。

[法条链接]《民法典》第584条；《买卖合同解释》第22条；《合同编通则解释》第60条第2、3款。

## 56 违约金

违约金，是指合同当事人所约定的，一方违约时应当向对方支付的一定数额的金钱。

## 一、违约金的适当减少

1. 适当减少违约金的条件

（1）当事人约定的违约金过高。违约金"过高"的判断标准是：

❶违约金超过应赔偿损失的 30%；

❷违约金相对于债权数额明显过高。

> **迷你案例**
>
> 案情：甲、乙订立合同，约定甲将机器设备 A 以 100 万元的价格出卖给乙，并约定了违约金。后甲未如约向乙交付机器设备 A。
>
> 问 1：如果合同约定的违约金为 15 万元，甲因违约给乙造成损失 10 万元，乙请求甲支付违约金 15 万元，甲能否主张适当减少违约金？
>
> 答案：能。违约金超过了应赔偿损失的 30%，构成过高。
>
> 问 2：如果合同约定的违约金为 40 万元，乙请求甲支付违约金，甲能否主张适当减少违约金？
>
> 答案：能。40 万元违约金相对于 100 万元债权额明显过高。

（2）债务人主动申请适当减少。

❶债务人未主动申请适当减少违约金的，法院应予释明，但不得主动予以减少；

❷一审法院认为无需承担违约金而未予释明，二审法院认为应当承担违约金的，可向债务人释明后改判；

❸债务人因"客观原因"未参加一审的，可在二审中申请减少违约金。

2. 当事人在合同中约定不得主张减少违约金的，该约定无效。

3. 例外：债务人"恶意违约"的，不得主张适当减少违约金。"恶意违约"的界定：

（1）有履约能力而违约；

（2）债务人违约后，与债权人订立和解协议，在和解协议中又违约。

[法条链接]《民法典》第 585 条第 2 款；《买卖合同解释》第 21 条；《合同编通则解释》第 64~66 条。

## 二、违约金与定金并存

在当事人在主合同中约定了违约金，又订立定金合同且交付定金的情况下，债务人违约时，债权人既享有违约金请求权，又享有定金罚则请求权。此时，债权人可以选择适用违约金或者定金条款。

> **一针见血** 违约金适用与定金返还：
>
> 违约金与定金并存，择一主张时，债权人选择违约金的，定金关系应予恢复原状，即交付定金一方（不管是守约方还是违约方）有权请求接收定金一方（不管是守约方还是违约方）返

还其所交付的数额。

[法条链接]《民法典》第588条第1款。

**迷你案例**

案情：甲、乙订立买卖合同，约定违约金1500元。此外，乙向甲支付定金2000元。现乙违约。

问1：如果甲选择定金，如何处理？

答案：首先，甲不得请求乙支付违约金1500元；其次，乙丧失向甲支付的2000元定金。

问2：如果甲选择违约金，如何处理？

答案：首先，甲有权请求乙支付违约金1500元；其次，甲应向乙返还定金2000元。

### 三、扩展：定金与赔偿损失的关系

主合同当事人双方在主合同之外又订立定金合同，且交付了定金时，债务人违反主合同债务造成债权人损失的，债权人既享有定金罚则请求权，又享有赔偿损失请求权。此时，债权人主张定金罚则，其损害未能获得弥补的，债权人有权就未弥补的损害部分请求债务人赔偿损失。

[法条链接]《民法典》第588条第2款。

**迷你案例**

案情：甲、乙订立买卖合同后，甲向乙交付定金1000元。现乙违约，给甲造成损失3000元。

问题：甲如何保护自己的合法权益？

答案：甲可以拒不返还定金，以之充抵赔偿金后，再请求乙赔偿2000元。

**一针见血** 金钱性违约责任与继续履行：

继续履行责任，不因违约金、赔偿损失、定金责任的承担而免除。

## 57 剥夺期限利益、取回标的物

### 一、分期付款买卖合同

分期付款买卖合同中，买受人迟延支付价款达合同总价款的1/5，经催告仍不履行的，出卖人可以选择如下两种途径之一，保障自己债权的实现：

1. 请求买受人一次性支付全部剩余价款，即剥夺买受人分期付款的期限利益。

2. 解除合同。由此产生的法律后果是：

（1）出卖人有权从买受人处取回标的物。

（2）出卖人有权请求买受人支付使用费、赔偿金。

（3）出卖人应当返还买受人已经支付的价款。上述使用费、赔偿金，可以从价款中扣除。需要注意的是，当事人在分期付款买卖合同中约定出卖人可以扣留价款不予返还的，其约定无效。

**迷你案例**

案情：甲、乙订立手机分期付款买卖合同，约定"乙交付首期款2000元，余款分5次付清。若乙迟延付款导致合同解除，已付价款不退"。现乙迟延付款达总价款的1/5以上。

问题：甲如何保护自己的价金债权？

答案：第一，甲可以请求乙一次性支付全部剩余价款。第二，甲也可以通知乙解除合同，取回手机。此时，甲仍需向乙返还已付价款，但可扣除使用费、赔偿金。第三，甲还可以依据一般规则，追究乙的违约责任。

**一针见血** ▶ 分期付款买卖中买受人违约的后果：

分期付款买卖的买受人迟延支付价金的，出卖人除了可采取上述特别措施外，也可依据买卖合同的一般规则，追究买受人的违约责任。

[法条链接]《民法典》第634条；《买卖合同解释》第28条第1款。

### 二、融资租赁合同

1. 承租人欠付租金，经出租人催告后在合理期限内仍不支付的，出租人有权请求承租人一次性支付全部的未付租金，即剥夺承租人分期支付租金的期限利益。

2. 承租人欠付租金2期以上或数额达到全部租金15%以上，经出租人催告后在合理期限内仍不支付的，出租人有权解除融资租赁合同，收回租赁物，并以其价值冲抵承租人的债务。

[法条链接]《民法典》第752条；《最高人民法院关于审理融资租赁合同纠纷案件适用法律问题的解释》第5条。

### 三、保留所有权买卖合同

1. 保留所有权买卖合同的买受人迟延支付价金，经催告后仍不履行的，出卖人有权取回标的物；但买受人已经支付价金达总价金75%以上的除外。

2. 出卖人取回标的物后，买受人逾期不回赎的，出卖人可将标的物再卖，以价金抵偿买受人的债务。

[法条链接]《民法典》第642、643条；《买卖合同解释》第26条第1款。

**总结梳理**

|  | 一次付全款条件 | 取回条件 | 取回后果 |
|---|---|---|---|
| 分期付款买卖 | 价金违约 1/5+催告 | 价金违约 1/5+催告+解约 | 退货还钱，扣除使用费、赔偿金 |
| 融资租赁 | 租金违约+催告 | 租金违约 2 期或 15%+催告+解约 | 租赁物变价受偿 |
| 保留所有权买卖 | （无） | 价金违约+催告+已付价金未达到 75% | 不赎再卖，变价受偿 |

## 第十三讲 小综案例

**案情**

天成建筑公司（以下简称"天成公司"）、南山融资租赁公司（以下简称"南山公司"）、黄河机械制造公司（以下简称"黄河公司"）、马小芸订立四方合同，约定：①南山公司为天成公司购买黄河公司生产的建筑设备，租赁给天成公司使用，天成公司应支付租金 100 万元，分 10 个月付清，每月付 10 万元；②若该设备存在质量问题，则天成公司直接向黄河公司追究违约责任；③马小芸以其别墅向南山公司抵押，以担保南山公司的租金债权。四方合同订立后，南山公司按照天成公司指示，购买了黄河公司生产的 A 型建筑设备，并向天成公司交付。天成公司发现该建筑设备存在隐蔽瑕疵，无法使用，遂反复向南山公司、黄河公司提出品质瑕疵异议，但两家公司一直不予理会。经查，四方合同订立后，马小芸用以抵押的别墅因火灾意外焚毁，无法办理抵押登记，但马小芸获得保险金 300 万元。

半年后，黄河公司更换了建筑设备。天成公司支付了全部租金后，取得了该设备的所有权。随后，天成公司将该设备出卖给华强建筑公司（以下简称"华强公司"），双方约定：华强公司应支付价款 100 万元，分 20 个月付清，每月付 5 万元；在华强公司付清全款之前，天成公司保留该设备的所有权；任何一方违约，向对方支付违约金 40 万元。合同订立后，天成公司向华强公司交付了设备，华强公司正常付款 50 万元后，连续 3 个月未支付价金，迟延履行数额达 15 万元。天成公司反复催告无果。后在调解机构的调解下，天成公司与华强公司订立《还款协议》，约定天成公司给华强公司 1 年的宽限期支付价金，如果华强公司到期仍不还款，应支付违约金 60 万元。

## 问题

1. 天成公司能否因该建筑设备存在品质瑕疵，追究黄河公司的违约责任？为什么？
2. 如果因该建筑设备的品质瑕疵迟迟不能解决，天成公司解除了融资租赁合同，并委托蓝田融资租赁公司为自己重新购买该类设备。此时，因市场变化，天成公司与蓝田公司的融资租赁合同约定的租金为120万元。天成公司能否请求黄河公司对多出的20万元租金承担违约赔偿责任？为什么？
3. 该建筑设备存在品质瑕疵，天成公司能否追究南山公司的违约责任？为什么？
4. 如果该建筑设备没有品质瑕疵，但天成公司向南山公司正常支付租金40万元后，欠付最后两期租金，共计20万元，则南山公司可如何保护自己的合法权益？为什么？
5. 南山公司能否因马小芸无法为自己办理抵押登记，追究马小芸的违约责任？为什么？
6. 华强公司迟延支付价款，天成公司可采取何种方式保护自己的合法权益？为什么？
7. 如果天成公司依据合同的约定请求华强公司支付40万元违约金，华强公司能否主张适当减少违约金？为什么？
8. 如果华强公司到期仍未履行《还款协议》，天成公司请求华强公司偿还欠付价金的同时，还请求其支付60万元的违约金，华强公司能否主张适当减少违约金？为什么？

## 答案

1. 能。融资租赁的出租人、承租人、出卖人三方约定，由承租人追究出卖人品质瑕疵违约责任的，从其约定。
2. 能。债务人违约，债权人解除合同并实施"替代交易"的，"原交易"与"替代交易"间的差价属于应予赔偿的可得利益损失，债权人有权请求债务人赔偿。
3. 不能。融资租赁的承租人追究出租人品质瑕疵违约责任，应当以出租人干预承租人选择为条件，但案情中并无南山公司干预的事实。
4. 途径有二：①请求天成公司支付所有未付之租金60万元。因为融资租赁合同的承租人迟延支付租金，经催告仍不履行的，出租人有权请求其一次性支付所有租金。②解除合同，取回租赁物，以其价值冲抵债务。因为融资租赁合同的承租人迟延支付租金2期以上或数额达到全部租金15%以上，经催告仍不履行的，出租人有权解除融资租赁合同，取回租赁物，以其价值冲抵债务。
5. 能。不动产抵押合同订立后，因不可归责于抵押人的事由无法办理抵押登记的，原则上债权人不得追究抵押人的违约责任。但是，抵押人获得保险金、赔偿金、补偿金等的，债权人可在此范围内请求抵押人承担赔偿责任。
6. 取回标的物，若华强公司逾期不赎，可再卖并以价金冲抵华强公司的债务。首先，华强公司违约数额未超过总价款的1/5，天成公司不得基于分期付款买卖合同请求华强公司一次性支付全部价款，或解除合同，取回标的物。其次，华强公司已付价款未超过总价款的75%，故天成公司有权基于保留所有权买卖合同直接取回标的物，在华强公司逾期不赎的情况下，再卖之并以价金受偿。
7. 能。天成公司与华强公司的合同债权数额为100万元，约定40万元的违约金明显过高。
8. 不能。华强公司违约后，在《还款协议》履行中二次违约，构成恶意违约，不得主张违约金的适当减少。

# 第14讲 LECTURE 14

# 侵权责任

## 58 过错责任

### 一、含义

致害人有过错方承担侵权损害赔偿责任的，为过错责任。

### 二、过错与意外

1. 当事人能够预见自己的行为会致人损害或遭受损害的，为过错。
2. 当事人不能预见自己的行为会致人损害或遭受损害的，为意外。
（1）构成意外的，没有过错赔偿责任；
（2）构成意外，但有因果关系的，致害人应承担"酌情适当分担"的公平责任。
[法条链接]《民法典》第1186条。

**总结梳理**

| 案　情 | 定　性 | 后　果 |
|---|---|---|
| 能够预见 | 过　错 | 过错赔偿责任 |
| 不能预见 | 意　外 | 无过错赔偿责任；有因果关系的，承担公平责任 |

### 三、过错认定与过错推定

1. 受害人需举证证明致害人有过错的，为过错认定。

2. 致害人需举证证明自己没有过错的，为过错推定。法律特别规定为过错推定的，方才适用过错推定。

《民法典》中的过错推定主要包括：

（1）建筑物上的搁置物、悬挂物脱落、坠落致人损害，建筑物的所有人、使用人、管理人不能证明自己没有过错的，承担侵权责任；

（2）堆放物倒塌、林木折断、公共场所施工、地下设施致人损害，堆放人、所有人、管理人、施工人不能证明自己没有过错的，承担侵权责任；

（3）无民事行为能力人在教育机构、精神病医院遭受损害，教育机构、精神病医院不能证明自己没有过错的，承担侵权责任。

[法条链接]《民法典》第1165条第2款，第1199、1253、1255、1257、1258条。

**总结梳理**

| 过错推定的情形 | 致害人证明 |
| --- | --- |
| 脱落、坠落致人损害 | 自己无过错 |
| 堆放物倒塌、林木折断、公共场所施工、地下设施致人损害 | |
| 无民事行为能力人在教育机构、精神病医院遭受损害 | |

**迷你案例**

案情：甲非A小区业主，进入A小区闲逛，物业未按照规定要求甲进门登记。因业主乙空调漏水、业主丙在道路上晾晒陈皮，甲遂换道继续闲逛，被二楼阳台上业主丁掉落的晾衣杆砸到脚面而死亡。经查，甲患有特殊疾病，故脚面受伤导致其死亡。

问1：对于甲的损害，A小区物业是否承担过错赔偿责任？是否承担公平责任？为什么？

答案：否。首先，A小区物业无法预见到未让甲进门登记会导致甲的损害，故无过错，无需承担过错赔偿责任；其次，A小区物业未让甲进门登记与甲所遭受的损害之间没有因果关系，故也无需承担公平责任。

问2：对于甲的损害，业主乙、丙是否承担过错赔偿责任？是否承担公平责任？为什么？

答案：否。首先，业主乙、丙无法预见到空调漏水、晾晒陈皮会导致甲的损害，故无过错，无需承担过错赔偿责任；其次，业主乙空调漏水、业主丙晾晒陈皮与甲所遭受的损害之间没有因果关系，故也无需承担公平责任。

问3：对于甲的损害，业主丁是否承担过错赔偿责任？是否承担公平责任？为什么？

答案：首先，脱落、坠落责任为过错推定责任，没有证据证明丁没有过错的，推定其有过错，故丁应承担过错赔偿责任；其次，既然推定丁有过错，便没有公平责任可言。

问4：甲对于自己的损害，是否应自行承担部分损害？为什么？

答案：否。甲无法预见到自己未登记进小区、绕道闲逛会使自己遭受损害，故没有过错，无需自行承担责任。

问5：甲患有特殊疾病，可否作为丁减轻责任的理由？为什么？

答案：否。致害人的过错与受害人的特殊体质不存在责任相抵问题，故丁对甲的全部损害承担过错赔偿责任。

## 四、自甘冒险

1. 自愿参加具有一定风险的文体活动，因其他参加者的行为受到损害的，受害人不得请求其他参加者承担侵权责任；但是，其他参加者对损害的发生有故意或者重大过失的除外。

2. 文体活动的组织者未尽安全保障义务，造成他人损害的，应承担违反安保义务的侵权损害赔偿责任。

[法条链接]《民法典》第1176条。

**总结梳理**

|  | 组织者责任条件 | 参加者责任条件 |
| --- | --- | --- |
| 自愿参加文体活动遭受损害 | 未尽安保义务 | 故意、重大过失 |

# 59 无过错责任

## 一、环境污染责任

环境污染责任，是指致害人因污染环境，致受害人人身、财产损害所应承担的侵权责任。

### （一）法定免责事由

环境污染责任的免责事由是"不存在因果关系"。

### 总结梳理

|  | 通常的无过错责任 | 环境污染责任 |
| --- | --- | --- |
| 侵害行为 | 受害人证明 | |
| 损害后果 | 受害人证明 | |
| 因果关系 | 受害人证明 | 致害人证明 |
| 过　　错 | 无需证明 | |
| 免责事由 | 致害人证明 | |

### 迷你案例

**案情**：甲造纸厂在河流上游排污，乙在河流下游进行鱼类养殖。一日，乙发现自己所养的鱼类全部死亡。现乙对甲造纸厂起诉索赔。

**问1**：乙的举证责任包括哪些？

**答案**：乙需就以下两项事实举证：①甲造纸厂实施了污染行为；②自己遭受了损害。

**问2**：甲造纸厂的举证责任包括哪些？

**答案**：甲造纸厂需对不存在因果关系举证，即证明乙的损害并非自己污染所致。如果甲造纸厂举证不能，法院则推定乙的损害就是甲造纸厂造成的。

**问3**："过错"谁来证明？

**答案**：环境污染责任为无过错责任，"过错"不是责任构成要件，无需证明。

## （二）2个或2个以上污染者污染环境的责任

1. 2个或2个以上污染者污染环境，导致同一人身或财产损害的，各污染者对受害人的损害承担按份赔偿责任。

2. 上述按份责任中，各污染者责任份额的大小，根据污染物的种类、排放量等因素确定。

## （三）第三人原因致环境污染致人损害的责任

因第三人的过错污染环境造成损害的，第三人与污染者承担不真正连带责任。具体来讲：

1. 受害人可以向污染者请求赔偿，也可以向第三人请求赔偿。

2. 污染者对受害人承担责任后，有权向第三人追偿。

[法条链接]《民法典》第1229～1231、1233条。

### 迷你案例

**案情**：甲公司在施工过程中，打破了乙化工厂密封的排污管道，导致污水流出，毒死了丙所养殖的鱼类。

问1：丙可以请求谁承担侵权责任？

答案：丙既可以请求甲公司赔偿损失，也可以请求乙化工厂赔偿损失。

问2：如果丙请求乙化工厂赔偿损失，乙化工厂赔偿后，是否有权向甲公司追偿？

答案：是。

问3：如果丙请求甲公司赔偿损失，甲公司赔偿后，是否有权向乙化工厂追偿？

答案：否。

## 二、饲养动物责任

### （一）饲养、管理人的界定

饲养动物致人损害的，第一责任人为该动物的饲养、管理人。

1. 饲养、管理人需具有稳定性的特征。临时借用动物的人，并非饲养、管理人。
2. 遗弃、逃逸动物的原饲养、管理人，也需对该动物致人损害承担侵权责任。

### （二）减免事由

1. 一般减责、免责事由

| 减免事由 | 饲养、管理人 | 饲养、管理人未拴绳 | 饲养、管理人养藏獒 |
|---|---|---|---|
| 受害人故意 | 免　责 ➡ | 减　责 | 全　责 |
| 受害人重大过失 | 减　责 ➡ | 全　责 | 全　责 |

2. 动物园的动物致人损害时的免责事由

动物园的动物造成他人损害，动物园能够证明尽到管理职责的，不承担侵权责任。

**迷你案例**

案情：甲逛动物园时，用竹竿捅铁笼中的狗熊，狗熊掰开铁笼走出，将甲打伤。

问题：甲捅狗熊的事实，能否作为动物园的免责或减责事由？

答案：不能。

### （三）第三人过错致使饲养动物致人损害

1. 受害人可以向动物饲养、管理人请求赔偿，也可以向第三人请求赔偿。
2. 动物饲养、管理人对受害人赔偿后，有权向第三人追偿。

# 60 财产损害赔偿与精神损害赔偿

## 一、财产损害赔偿

财产损害赔偿范围：

1. 侵害他人财产的，财产损失按照损失发生时的市场价格或者其他合理方式计算。
2. 侵权财产损害赔偿，不包括可得利益赔偿。

[法条链接]《民法典》第1184条。

**迷你案例**

案情：甲开车将乙撞伤，导致乙未能与丙订立合同。该合同若订立，乙能获得100万元利润。

问题：乙可否就该笔利润请求甲赔偿？为什么？

答案：不可以。侵权责任不得主张可得利益赔偿。

## 二、精神损害赔偿

### （一）主体

精神损害赔偿请求权是专属于自然人的权利，法人或者其他组织不得主张精神损害赔偿。

### （二）精神损害赔偿的情形

1. 侵害自然人人身权益造成严重精神损害的，被侵权人有权请求精神损害赔偿。
2. 因故意或者重大过失侵害自然人具有人身意义的特定物，如重大纪念意义物品，造成严重精神损害的，被侵权人有权请求精神损害赔偿。
3. 死者的近亲属的精神损害赔偿请求权

（1）自然人因侵权行为致死，或者自然人死亡后其人格或者遗体等遭受侵害的，死者的近亲属有权请求侵害人承担精神损害赔偿责任。

（2）在上述情况下，死者的配偶、父母和子女有权诉请精神损害赔偿；没有配偶、父母和子女的，其他近亲属有权诉请精神损害赔偿。

[法条链接]《民法典》第1183条；《最高人民法院关于确定民事侵权精神损害赔偿责任若干问题的解释》第3条。

## 总结梳理

| 权利人（自然人） | 要　件 |
|---|---|
| 人身侵权受害人 | 过　错 |
| 具有人身意义特定物侵权受害人 | 故意、重大过失 |
| 死者的近亲属（配偶、父母、子女/其他近亲属） | 过错/侵害致死或死后侵害 |

## 61 共同侵权与行为结合

### 一、共同加害侵权

#### （一）概念

共同加害侵权，是指具有意思联络的 2 个或 2 个以上致害人基于共同的过错，共同实施加害行为，导致一个损害后果的共同侵权行为。

#### （二）责任

共同加害侵权的各侵权人对被侵权人的损害承担连带赔偿责任。

### 二、教唆、帮助侵权

1. 教唆、帮助完全民事行为能力人实施侵权行为的，教唆、帮助者与行为人承担连带责任。
2. 教唆、帮助限制民事行为能力人、无民事行为能力人实施侵权行为的：
（1）教唆、帮助者承担全部侵权责任；
（2）监护人未尽到监护职责的，在相应范围内，与教唆、帮助者承担连带责任。

### 三、共同危险侵权

#### （一）概念

共同危险侵权，是指 2 个或 2 个以上致害人基于意思联络，共同实施有可能致人损害的危险行为，其中部分行为致人损害，但是具体哪一行为致人损害不能查明（即因果关系不明）的共同侵权行为。

**一针见血** ▶ 共同危险侵权=多个危险行为人+一个不确定的因果关系。

## （二）责任

1. 共同危险行为人能够证明损害后果不是由其行为造成的，不承担赔偿责任。
2. 共同危险行为人不能证明损害后果不是由其行为造成的，承担连带赔偿责任。

> **迷你案例**
>
> 案情：甲、乙、丙三人共同殴打李四，不知是谁踢出的一脚致李四死亡。
> 问题：甲、乙、丙构成何种侵权？
> 答案：共同危险侵权，承担连带责任。

## 四、无意思联络的行为结合

无意思联络的行为结合，是指2个或2个以上致害人在没有意思联络的情况下，各自实施侵害行为，且导致一个损害后果的侵权情形。"无意思联络的行为结合"与"共同加害侵权"的相同之处在于，两者均以"多个行为人基于过错导致一个损害结果"为特征；其根本的区别则在于，前者不存在行为人的意思联络。

### （一）直接结合

1. 概念

（1）直接结合，是指各个行为人在没有意思联络的情况下，分别实施侵害行为，导致一个损害后果的发生，且在原因力上，每一侵害行为均可单独导致该损害后果发生的情形。直接结合下的因果关系模式可通过下图表示：

行为A ──→ 损害
（无意思联络）
行为B ──→ 损害

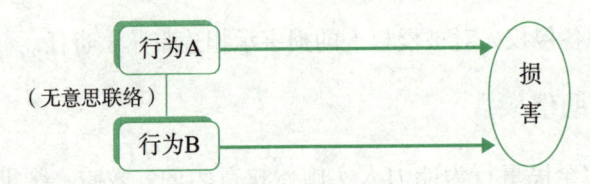

（2）在直接结合的情况下，假设部分行为未曾实施，该损害后果依然无法避免。

2. 责任

在直接结合的情况下，各行为人对所造成的损害承担连带赔偿责任。

### （二）间接结合

1. 概念

（1）间接结合，是指各个行为人，在没有意思联络的情况下，分别实施侵害行为，导致一个损害后果的发生，且在原因力上，每一侵害行为均不可能单独导致该损害后果发生，而必须配合起来才能引起损害的情形。间接结合下的因果关系模式可通过下图表示：

行为A ──（无意思联络）──→ 行为B ──→ 损害

（2）在间接结合的情况下，假设部分行为未曾实施，损害后果即可避免。

2. 责任

在间接结合的情况下，各行为人对所造成的损害，根据其过错的大小，承担按份赔偿责任。

[法条链接]《民法典》第1168～1172条；《侵权责任编解释（一）》第12条第1款。

### 迷你案例

案情：甲、乙致丙损害。

问1：如果甲、乙商量好，甲将丙骗到树林中，乙举枪对丙射击，致丙死亡，则：

问❶：甲、乙构成何种共同侵权？

答案：共同加害侵权。

问❷：甲、乙如何承担侵权责任？

答案：连带赔偿。

问2：如果甲将一把枪交给乙，对乙说："对丙此仇不报，何以为人？"乙举枪对丙射击，致丙死亡，则：

问❶：甲、乙构成何种共同侵权？

答案：教唆、帮助侵权。

问❷：甲、乙如何承担侵权责任？

答案：连带赔偿。

问❸：若乙为限制民事行为能力人，且乙的监护人未尽到监护职责，应承担部分责任，本案责任如何承担？

答案：甲承担全部责任；乙的监护人在过错范围内，与甲承担连带责任。

问3：如果甲、乙共同对丙射击，只有一颗子弹致丙死亡，但无法查明是谁开枪所致，则：

问❶：甲、乙构成何种共同侵权？

答案：共同危险侵权。

问❷：甲、乙如何承担侵权责任？

答案：连带赔偿。

问4：如果甲、乙分别在山中打猎，互不知晓对方的存在，二人发现"猎物"后，无暇细看，不约而同地举枪射击，同时将正在草丛中方便的丙打中，且均打中丙的要害部位，致丙死亡，则：

问❶：甲、乙构成何种共同侵权？

答案：无意思联络的直接结合侵权。

问❷：甲、乙如何承担侵权责任？

答案：连带赔偿。

问5：如果甲在山中打猎，发现"猎物"后，无暇细看，举枪射击，将正在草丛中方便的丙打伤，甲送丙去乙医院急救，乙医院手术消毒不当，致丙感染后死亡，则：

问❶：甲、乙医院构成何种共同侵权？
答案：无意思联络的间接结合侵权。
问❷：甲、乙医院如何承担侵权责任？
答案：按份赔偿。

# 62 劳务关系侵权

## 一、雇用责任

### （一）雇员执行职务致人损害

1. 雇主承担替代责任。
2. 雇员执行职务致人损害，具有故意或重大过失的，雇主承担替代责任后，有权向雇员追偿。
3. 劳务派遣人员执行职务致人损害
（1）接受劳务派遣方承担侵权责任；
（2）劳务派遣方有过错的，在其过错范围内，与接受劳务派遣方承担连带责任。

[法条链接]《民法典》第1191条；《侵权责任编解释（一）》第16条第1款。

**迷你案例**

案情：甲公司的工作人员张三在执行职务时，致李四损害。

问1：对于李四的损失，谁来赔偿？

答案：甲公司。

问2：如果张三是乙公司向甲公司选派的劳务派遣人员：

问❶：对于李四的损失，谁来赔偿？

答案：甲公司。

问❷：若经查，乙公司未尽选派义务。对于李四的损失，谁来赔偿？

答案：甲公司；乙公司在其过错范围内，与甲公司承担连带责任。

**总结梳理**

|  | 行为人 | 替代责任人 | 其他责任人 |
| --- | --- | --- | --- |
| 基本结构 | 雇员 | 雇主 | （无） |
| 劳务派遣 | 被劳务派遣人 | 接受劳务派遣方 | 劳务派遣方：过错部分连带 |

## （二）个人用工的雇员工伤责任

1. 个人雇主与个人雇员根据各自的过错承担相应的责任。
2. 因第三人的行为造成雇员损害的，雇员有权请求第三人赔偿，也有权请求雇主补偿。雇主补偿后，可以向第三人追偿。

**总结梳理**

| 个人用工 | 工伤责任 |
| --- | --- |
| 自行受损 | 雇主、雇员过错分担 |
| 第三人致损 | 可请求第三人赔偿，也可请求雇主补偿。雇主补偿后，可向第三人追偿 |

[法条链接]《民法典》第1192条。

**迷你案例**

案情：甲雇佣的保姆乙因工作遭受损害。

问1：如果保姆乙在洗衣服时，被甲家的洗衣机电伤，关于乙的损害，责任如何承担？

答案：甲、乙按照各自的过错承担按份责任。

问2：如果乙去菜市场买菜被小贩丙打伤，关于乙的损害，责任如何承担？

答案：乙可请求丙赔偿，也可请求甲补偿。甲补偿后，可向丙追偿。

## 二、无偿帮工责任

无偿帮工，是指帮工人与被帮工人之间基于帮工协议而形成的，帮工人向被帮工人无偿提供劳务、被帮工人接受此项劳务的关系。

### （一）帮工人因帮工行为致人人身损害

1. 被帮工人应当承担赔偿责任。
2. 帮工人存在故意或者重大过失的，被帮工人赔偿后，可向帮工人追偿。
3. 被帮工人明确拒绝帮工的，不承担赔偿责任。

### （二）帮工人因帮工行为遭受人身损害

1. 帮工人与被帮工人根据各自的过错承担责任。
2. 被帮工人明确拒绝帮工的，不承担赔偿责任，但可在受益范围内予以适当补偿。
3. 帮工人因第三人侵权遭受人身损害的，可请求第三人承担赔偿责任，也可请求被帮工人予以适当补偿。被帮工人补偿后，可向第三人追偿。

[法条链接]《最高人民法院关于审理人身损害赔偿案件适用法律若干问题的解释》第4、5条。

## 总结梳理

| | 职务侵权 | 无偿帮工侵权 | 拒绝帮工 |
|---|---|---|---|
| 致人损害 | 接受劳务方责任；行为人有故意、重大过失的，受追偿 | | 不　赔 |
| 自行受到损害 | 过错分担 | | 受益范围内，适当补偿 |
| 受到第三人损害 | 第三人赔偿，用工人适当补偿，并可向第三人追偿 | | （无） |

### 三、定作人责任

定作人责任，是指在承揽合同关系中，承揽人因承揽行为致人人身损害或遭受人身损害时，定作人所应承担的责任。

1. 承揽与雇用的区分

| | 能否随意改变工作内容 | 劳动工具 | 合同履行方式 |
|---|---|---|---|
| 承　揽 | 不　能 | 干活的自备 | 一次性 |
| 雇　用 | 能 | 出钱的提供 | 连续性 |

2. 定作人责任

（1）定作人对定作、指示、选任没有过错的，不承担赔偿责任；

（2）定作人对定作、指示、选任有过错的，应当在其过错范围内与承揽人承担连带责任。

[法条链接]《民法典》第1193条；《侵权责任编解释（一）》第18条第2款。

# 63 物品掉落致损责任

### 一、高空坠物责任

1. 概念

从建筑物中抛掷物品或者从建筑物上坠落的物品造成他人损害，难以确定具体侵权人。

2. 责任承担

（1）建筑物管理人有过错的，在其过错范围内承担赔偿责任；

（2）可能加害的建筑物使用人就剩余部分承担按份补偿责任；

（3）有过错的建筑物管理人、可能加害的建筑物使用人承担责任后，有权向责任人

（抛物者）追偿。

## 二、共同危险责任

1. 概念

2 个或 2 个以上行为人实施危险行为，部分行为导致物品掉落致损，但具体行为人不能确定。

2. 责任承担

各危险行为人不能证明自己的行为与损害结果之间没有因果关系的，承担连带赔偿责任。

## 三、脱落、坠落责任

1. 概念

脱落、坠落责任，是指因建筑物上的搁置物、悬挂物脱落、坠落致人损害所引起的侵权责任。脱落、坠落责任不存在任何的"不确定性"。

2. 责任承担

（1）建筑物的所有人、管理人或者使用人承担过错推定责任；
（2）所有人、管理人或者使用人赔偿后，有其他责任人的，有权向其他责任人追偿；
（3）物业管理人有过错的，承担补充责任。

**总结梳理**

|  | 不确定性 | 责任 |
| --- | --- | --- |
| 高空坠物 | 窗口 | ①建筑物管理人承担过错责任；②可能加害的建筑物使用人承担剩余责任（按份补偿） |
| 共同危险 | 因果关系 | 连带赔偿责任 |
| 脱落、坠落 | （无） | ①建筑物的所有人、使用人、管理人承担过错推定责任；②其他责任人承担追偿责任；③物业管理人承担过错补充责任 |

[法条链接]《民法典》第 1170、1253、1254 条；《侵权责任编解释（一）》第 25 条。

**迷你案例**

案情：甲经过 A 楼西北角时，有花盆落下，将甲砸伤。

问 1：如果不知该花盆是从哪一层楼掉下来的，则：

问❶：本案构成何种侵权责任？

答案：高空坠物责任。

问❷：谁对甲的损害承担侵权责任？

答案：①物业有过错的，在其过错范围内承担赔偿责任；②甲的剩余部分损害，由不能证明的物业使用人承担按份补偿责任。

问2：如果该花盆是10楼住户乙与朋友丙、丁在阳台上追逐打闹碰落的，但不知是谁碰落花盆，则：

问❶：本案构成何种侵权责任？

答案：共同危险责任。

问❷：谁对甲的损害承担侵权责任？

答案：乙、丙、丁连带赔偿甲的损害。

问3：如果该花盆是从10楼住户乙家的阳台掉下来的，原因是丙到乙家串门，在乙的阳台上跳绳，将阳台上的花盆碰落，则：

问❶：本案构成何种侵权责任？

答案：脱落、坠落责任。

问❷：经查，乙未加阻拦。谁对甲的损害承担侵权责任？

答案：①乙承担赔偿责任，并有权向丙追偿；②物业有过错的，承担补充责任。

问❸：经查，乙告诫丙别在阳台运动，然后出门上班。丙仍到阳台上跳绳，将阳台上的花盆碰落。谁对甲的损害承担侵权责任？

答案：①丙对甲的损害承担侵权责任。乙没有过错，不承担侵权责任。②物业有过错的，承担补充责任。

# 64 基于监护职责的责任

## 一、被监护人致人损害的监护人责任

### （一）责任结构

1. 被监护人致人损害的，由监护人承担赔偿责任。监护人尽到监护职责的，可以适当减轻其责任。

2. 被监护人有财产的，可以先从被监护人的财产中支付赔偿费用。

一针见血 "从被监护人的财产中支付"，性质是"用被监护人的财产承担监护人的责任"，而不是"被监护人先行承担责任"。

3. 父母间的责任关系

（1）未成年子女致人损害的，父母承担连带赔偿责任。一方承担责任超过自己份额的部分，可向对方追偿。

（2）未成年子女致人损害的，未形成抚养教育关系的继父母不承担赔偿责任。

## （二）被监护人致人损害之诉讼的审理

1. 诉讼当事人

被监护人致人损害的，法院应当将被监护人列为共同被告。

2. 法院的判决方式

（1）法院应当判决"监护人承担赔偿责任"，且在判决中明确"赔偿费用可以先从被监护人财产中支付"；

（2）法院不应判决"监护人承担补充赔偿责任"或"被监护人先承担赔偿责任"。

[法条链接]《民法典》第1188条；《侵权责任编解释（一）》第4、5、7、9条。

### 迷你案例

案情：甲生子小甲。小甲17周岁时，将乙的汽车划伤，致乙损失1000元。

问1：谁承担赔偿责任？

答案：甲承担赔偿责任；甲尽到监护职责的，可以适当减轻责任。

问2：经查，小甲有个人财产600元，且乙向法院起诉时，小甲已经年满18周岁。

问❶：甲是否仍应承担赔偿责任？

答案：是。小甲在实施侵害时，监护关系是存在的。

问❷：诉讼当事人如何排列？

答案：乙为原告，甲与小甲为共同被告。

问❸：甲以小甲有个人财产600元为由，主张自己只承担400元补充责任的，法院是否应当支持？

答案：否。法院应直接判决甲承担赔偿责任，但应在判决书中明确先从小甲的财产中支付。

## 二、被监护人致人损害的监护受托人责任

监护受托人，是指受监护人的委托，暂时代行监护职责的单位或个人，如幼儿园、学校、亲朋好友等。被监护人在监护受托人的看管下致人损害的：

1. 监护人承担全部责任。

2. 监护受托人有过错的，在过错范围内与监护人承担连带责任。

[法条链接]《民法典》第1189条；《侵权责任编解释（一）》第10条第1款。

### 迷你案例

案情：甲生子小甲。小甲5周岁时，在幼儿园将乙的汽车划伤，致乙损失1000元。经查，幼儿园老师疏于监管，应承担600元的赔偿责任。

问题：乙的损失如何赔偿？

答案：甲就1000元承担赔偿责任，幼儿园在600元的范围内与甲承担连带责任。

## 65 交通事故责任

交通事故责任,是指机动车之间,机动车与非机动车、行人之间,因交通事故产生财产、人身损害时,所应承担的侵权责任。

### 一、保险责任与侵权责任

1. 保险优先偿付

(1) 交通事故的损害赔偿属于机动车一方责任的,首先由机动车强制保险、商业保险赔付;不足部分,适用侵权损害赔偿责任。

(2) 机动车驾驶人停车时未采取制动措施,在车外被本车损害的:
❶ 机动车驾驶人不得请求机动车强制保险、机动车商业第三者责任保险赔偿;
❷ 机动车驾驶人可以请求机动车车上人员责任保险赔偿。

2. 未依法投保强制保险的机动车发生交通事故造成损害,投保义务人和交通事故责任人不是同一人的:

(1) 交通事故责任人承担侵权人应承担的全部责任;

(2) 投保义务人在机动车强制保险责任限额范围内与交通事故责任人共同承担责任。

### 二、"驾驶人责任"原则

1. 机动车租赁、借用

(1) 机动车租赁、借用后发生交通事故的,由机动车使用人承担赔偿责任;

(2) 机动车所有人、管理人有过错的,承担相应的赔偿责任。

2. 机动车买卖

(1) 当事人之间已经以买卖或者其他方式转让并交付机动车但未办理所有权转移登记,发生交通事故造成损害,属于该机动车一方责任的,由受让人承担赔偿责任。

(2) 以买卖或者其他方式转让拼装或者已达到报废标准的机动车,发生交通事故造成损害的:
❶ 由转让人和受让人承担连带责任;
❷ 多次转让拼装或者已达到报废标准的机动车的,所有的转让人和受让人承担连带责任。

3. 盗窃、抢劫、抢夺的机动车

(1) 盗窃、抢劫或者抢夺的机动车发生交通事故造成损害的,由盗窃人、抢劫人或者抢夺人承担赔偿责任;

（2）盗窃人、抢劫人或者抢夺人与机动车使用人并非同一人，发生交通事故造成损害，属于该机动车一方责任的，由盗窃人、抢劫人或者抢夺人与机动车使用人承担连带责任；

（3）保险公司在机动车强制保险责任限额范围内垫付抢救费用的，有权向交通事故责任人追偿。

4. 机动车肇事逃逸

（1）机动车驾驶人发生交通事故后逃逸，该机动车参加强制保险的，由保险公司在机动车强制保险责任限额范围内予以赔偿；

（2）机动车不明、该机动车未参加强制保险或者抢救费用超过机动车强制保险责任限额，需要支付被侵权人人身伤亡的抢救、丧葬等费用的，由道路交通事故社会救助基金垫付；

（3）道路交通事故社会救助基金垫付后，其管理机构有权向交通事故责任人追偿。

**总结梳理**

|  | 责任人 | 其他 |
| --- | --- | --- |
| 租借 | 使用人 | 所有人、管理人承担过错相应责任 |
| 买卖交付未登记 | 受让人 | 买卖拼装、应报废车：连带责任 |
| 盗抢 | 盗抢者 | ①盗抢后出借，致损：连带责任；②保险垫付可追偿 |
| 肇事逃逸 | 紧急费用，基金垫付 | 基金垫付可追偿 |

[法条链接]《民法典》第 1209、1210、1213~1216 条；《侵权责任编解释（一）》第 21 条第 1 款、第 22 条。

## 66 医疗损害责任

医疗损害责任，是指医疗机构在诊疗过程中，因致患者损害所应承担的侵权责任。

### 一、医疗机构的过错认定责任

1. 医疗机构的侵权责任，为过错认定责任。故患者需对医疗机构及其工作人员具有过错负证明责任。患者不能证明的，可依法申请医疗损害鉴定。

2. 认定医疗机构过错的事由

患者能够证明医疗机构具有如下行为的，可认定医疗机构具有过错：

（1）违法诊疗。即医疗机构对患者实施诊疗，违反法律、行政法规、规章以及其他有关诊疗规范的规定。

（2）违法保管病历。即医疗机构隐匿、遗失、伪造、篡改、违法销毁或者拒绝提供与纠纷有关的病历资料。但是因不可抗力等客观原因无法提交的除外。

（3）未尽必要的诊疗义务。即医务人员在诊疗活动中未尽到与当时的医疗水平相应的诊疗义务。

### 二、医疗机构的"说明、征得同意"义务及其责任

1. 原则上，医务人员未尽"说明、征得同意"义务，造成患者损害的，医疗机构构成违法诊疗，应当承担赔偿责任。

2. 例外情况是，因抢救生命垂危的患者等紧急情况，不能取得患者或者其近亲属意见的，经医疗机构负责人或者授权的负责人批准，可以立即实施相应的医疗措施。在这里，"不能取得患者或者其近亲属意见"包括：

（1）近亲属不明或者无法联系；

（2）近亲属拒绝发表意见或者达不成一致意见。

### 三、医疗机构的不真正连带责任

1. 因药品、消毒产品、医疗器械的缺陷，或者输入不合格的血液造成患者损害的，患者可以向药品上市许可持有人、生产者、血液提供机构请求赔偿，也可以向医疗机构请求赔偿。

2. 患者向医疗机构请求赔偿的，医疗机构赔偿后，有权向负有责任的药品上市许可持有人、生产者、血液提供机构追偿。

[法条链接]《民法典》第 1218~1223 条。

## 第十四讲

# 小综案例

**案情**

宋大江购买了长湖公司的空调。根据空调买卖合同的约定，长湖公司派李某到宋大江家中安装。安装室外机的过程中，室外机脱落，将停在楼下的秦光明的汽车砸坏，室外机也被摔坏。经查：①宋大江要求李某安装室外机的位置是当地政府为市容美观之需要，禁止安装空调室外机的建筑立面；②李某虽在长湖公司长期工作，但仍是长湖公司的临时工，而非正式员工，其主要负责空调的售后安装，有时也按照公司安排负责接送客户；③室外机脱落的原因是李某一边安装，一边刷抖音，并微信聊天所致；④室外机

脱落的同时，安全绳索将宋大江面部严重划伤，宋大江因此住院；⑤秦光明已经将车里的一对市价为50万元的玉佩以60万元的价格出卖给马小芸，买卖合同已经签订，但该玉佩也一同被砸毁。

宋大江在安心医院住院治疗时，面部伤口严重感染，导致出院后留下明显疤痕，安心医院对宋大江隐匿病历。宋大江多次找安心医院理论无果，气愤难解。花小容对宋大江表示，不如自己动手解决问题，并告知宋大江其主治医生刘小娥的上下班行程轨迹。于是，宋大江伙同李二逑在刘小娥下班路上对刘小娥实施殴打，不知是谁一脚将刘小娥踢成重伤。

经查，宋大江与闫小惜婚后，生子宋小宝。后宋大江与闫小惜离婚，宋小宝与闫小惜共同生活。宋小宝5岁时，在幼儿园将小朋友刘贝贝打伤住院，造成损失2000元。事发当时幼儿园老师在场，但未制止。又查，宋小宝自己拥有财产400元。闫小惜驾驶汽车去医院探望刘贝贝途中，不慎将郭达撞伤，闫小惜负全责。该汽车是闫小惜借朋友刀美凤的，刀美凤没有购买交强险。

## 问 题

1. 长湖公司与李某是什么法律关系？为什么？
2. 长湖公司与宋大江是什么法律关系？为什么？
3. 根据定作人责任，宋大江是否应当对秦光明汽车的损失承担侵权损害赔偿责任？为什么？
4. 根据脱落、坠落责任，宋大江是否应当对秦光明汽车的损失承担侵权损害赔偿责任？为什么？
5. 李某是否应当对秦光明汽车的损失承担侵权损害赔偿责任？为什么？
6. 如果李某是邦迪劳务派遣公司的派遣人员，且邦迪劳务派遣公司知道李某不能胜任空调安装工作，仍将李某派遣至长湖公司，则邦迪劳务派遣公司是否应当对秦光明汽车的损失承担侵权损害赔偿责任？为什么？
7. 长湖公司向秦光明赔偿汽车损失后，可否向李某追偿？为什么？
8. 因玉佩被砸毁，秦光明无法将其出卖给马小芸从而获利10万元。秦光明可否请求长湖公司赔偿10万元？为什么？
9. 宋大江可否请求长湖公司、安心医院承担精神损害赔偿责任？为什么？
10. 刘小娥可以请求谁承担损害赔偿责任？为什么？
11. 对于刘贝贝的损害，谁来承担侵权责任？为什么？
12. 对于郭达的损害，谁来承担侵权责任？为什么？

## 答 案

1. 雇佣关系。因为李某在长湖公司长期工作，且按照公司安排进行工作。
2. ①空调买卖关系。因为宋大江购买了长湖公司的空调。②承揽关系。因为长湖公司为宋大江的空调进行安装。
3. 否。宋大江与长湖公司的空调安装约定，性质为承揽合同。承揽合同中，承揽人致人损害或遭受损害，定作人有定作、选任、指示过错的，承担赔偿责任。本题中，宋大江无法预见到违反当地规定安装空调室外机会导致室外机脱落致损，故宋大江对秦光明的损害并无过错。

4. 否。建筑物上的搁置物、悬挂物脱落、坠落的，建筑物的所有人、使用人、管理人承担过错推定责任。本题中，宋大江并无过错，故其无需承担脱落、坠落的赔偿责任。

5. 否。尽管李某为长湖公司的临时工，但仍构成职务侵权。因此，长湖公司应当对秦光明的损害承担替代责任。

6. 是。劳务派遣人员执行接受派遣方职务致人损害，派遣方有过错的，在其过错范围内与接受派遣方承担连带责任。

7. 可以。执行职务致人损害，行为人有故意或重大过失的，雇主承担赔偿责任后，可以向行为人追偿。

8. 不可以。侵权损害赔偿责任的范围不包括可得利益损失。

9. 可以。首先，宋大江人身权益遭受损害，造成精神痛苦，故可以主张精神损害赔偿。其次，安心医院隐匿病历，可认定其有过错，应承担侵权责任。最后，长湖公司与安心医院对宋大江的损害构成无意思联络的行为结合，故应承担按份责任。

10. 可以请求花小容、宋大江、李二逵承担连带责任。首先，花小容教唆、帮助宋大江，应与宋大江承担连带责任。其次，宋大江与李二逵构成共同危险，应承担连带责任。

11. ①宋大江、闫小惜承担全部责任，但可从宋小宝自己的财产中先行支付；②幼儿园在其过错范围内与宋大江、闫小惜承担连带责任。

12. 闫小惜承担全部责任；刀美凤在交强险赔付的范围内与闫小惜承担连带责任。

| | | |
|---|---|---|
| 声 明 | 1. | 版权所有,侵权必究。 |
| | 2. | 如有缺页、倒装问题,由出版社负责退换。 |

图书在版编目(CIP)数据

主观题考点清单. 民法 / 张翔编著. -- 北京 : 中国政法大学出版社, 2025. 4. -- ISBN 978-7-5764-2010-4

Ⅰ. D920.4

中国国家版本馆 CIP 数据核字第 2025HD1470 号

| | |
|---|---|
| 出 版 者 | 中国政法大学出版社 |
| 地 址 | 北京市海淀区西土城路 25 号 |
| 邮寄地址 | 北京 100088 信箱 8034 分箱 邮编 100088 |
| 网 址 | http://www.cuplpress.com(网络实名:中国政法大学出版社) |
| 电 话 | 010-58908285(总编室)58908433(编辑部)58908334(邮购部) |
| 承 印 | 河北翔驰润达印务有限公司 |
| 开 本 | 787mm×1092mm 1/16 |
| 印 张 | 12.25 |
| 字 数 | 295 千字 |
| 版 次 | 2025 年 4 月第 1 版 |
| 印 次 | 2025 年 4 月第 1 次印刷 |
| 定 价 | 65.00 元 |

# 厚大法考（广州、深圳）2025年主观题面授教学计划

| 班次名称 | | 授课时间 | 标准学费（元） | 阶段优惠(元) | | 配套资料 |
|---|---|---|---|---|---|---|
| | | | | 5.10 前 | 7.10 前 | |
| 大成系列 | 主观集训班 | 7.9~10.8 | 28800 | 19800 ①一对一精批讲解；②班主任一对一督学。 | 20800 | 本班配套图书+课堂内部讲义 |
| | 主观特训班 | 8.15~10.8 | 22800 | 16800 ①一对一精批讲解；②班主任一对一督学。 | 17800 | |
| | 主观短训班 | 9.1~10.8 | 18800 | 11800 | 12800 | |
| 冲刺系列 | 首战告捷班 | 9.15~10.8 | 17800 | 9800 | 10800 | 课堂内部讲义 |
| | 首战告捷VIP班 | 9.15~10.8 | 17800 | ①协议班次，无优惠，订立合同；②一对一批阅；③若2025年主观题考试未通过，退10000元。 | | |
| | 主观接力班 | 9.20~10.8 | 13800 | 6800 | 7800 | |
| | 主观接力VIP班 | 9.20~10.8 | 13800 | ①协议班次，无优惠，订立合同；②一对一批阅。 | | |
| | 主观点睛冲刺班 | 10.1~10.8 | 6800 | 4080 | 4580 | |

**各阶段优惠政策：**

1. 多人报名可在优惠价格基础上再享团报优惠（协议班次除外）：3人（含）以上报名，每人优惠200元；5人（含）以上报名，每人优惠300元；8人（含）以上报名，每人优惠500元。
2. 厚大面授老学员报名再享9折优惠（协议班次除外）。

PS：课程时间根据2025年司法部公布的主观题考试时间相应调整。

【广州分校地址】广东省广州市海珠区新港东路1088号中洲交易中心六元素体验天地1207室
　　　　　　　　咨询热线：020-87595663/020-85588201
【深圳分校地址】广东省深圳市罗湖区滨河路1011号深城投中心7楼　　咨询热线：0755-22231961

厚大法考APP　　　厚大法考官博　　　广州厚大法考官微　　　深圳厚大法考官微